innenwelt verlag

2. Auflage 2004
Umschlaggestaltung: Bunda S. Watermeier
Illustrationen: Ragini Mariano

www.innenwelt-verlag.de

Druck: Westermann Druck Zwickau GmbH, Zwickau
Printed in Germany
ISBN 3-936360-05-7

Sitara Mittag

Wo kommst du her, wo gehst du hin?

Die Mondknoten im Horoskop

INHALT

MONDKNOTEN – WAS IST DAS DENN NUN WIEDER?

Reicht es nicht das eigene Tierkreiszeichen und den Aszendenten zu kennen?

Die Antwort ist: Es kommt darauf an. Wenn Sie sich schon des Öfteren die Frage gestellt haben: Was soll ich hier eigentlich? Wozu bin ich überhaupt auf dieser Welt?, dann sollten Sie sich für die Mondknoten interessieren. Denn hier finden Sie eine Antwort, die so klar und so treffend ist, dass sie jeden Einzelnen von uns unmittelbar berührt.

Eine kurze Information zu den astronomischen Fakten soll hier genügen: Die Mondknoten sind Schnittpunkte der Mondbahn mit der scheinbaren Sonnenumlaufbahn um die Erde, wobei der südliche Mondknoten immer genau gegenüber dem nördlichen steht. Was uns in diesem Buch eigentlich interessiert, ist ihre astrologische Bedeutung für uns.

Die Bedeutung der Mondknoten basiert auf der Annahme, dass die Seele sich auf ihrem Entwicklungsweg durch verschiedene Inkarnationen bewegt und dabei jeweils verschiedene Lektionen zu lernen hat.[1] Und diese Lektionen lassen sich auf Grund der Mondknotenstellung im Horoskop bestimmen. Die Mondknoten zeigen an, wo jemand herkommt, mit welcher Haltung er in dieses Leben eintritt und worauf er sich zubewegt. Dabei offenbart der

[1] Wenn Ihnen diese Grundannahme widerstrebt, so nehmen Sie die Angaben über vergangene Leben als einfache Bilder, die symbolisch auf gewisse Wesenzüge hinweisen. So symbolisiert z.B. eine Krankenschwester eindeutig etwas anderes als ein Krieger.

südliche Mondknoten eher Gewohnheiten, die sich überlebt haben und die man idealerweise im Laufe seines Lebens hinter sich lässt. Der nördliche Mondknoten dagegen weist hin auf eine neue Seinsweise, mit der man zunächst zwar Schwierigkeiten hat, die uns in diesem Leben jedoch ungeheure Erfüllung bringt, je mehr wir uns auf sie einlassen.

Während man sich also im Verlauf seiner vielen Inkarnationen immer wieder von einem Pol zu seinem Gegenpol bewegt, reift die eigene Persönlichkeit allmählich zu dem Stadium heran, wo sie das große Ganze in seiner unendlichen Vielfalt widerspiegelt.

Die aus vergangenen Leben mitgebrachten Muster werden meistens durch die Umstände in den ersten Lebensjahren noch einmal untermauert. Daher sind wir in Kindheit und Jugend noch sehr von unserem Südmondknoten geprägt, während sich die Züge unseres Nordmondknotens erst später verstärken – jedenfalls dann, wenn wir bereit sind die neue Herausforderung anzunehmen.

Um eine Herausforderung handelt es sich deshalb, weil der Südmondknoten immer das Überlebensmuster darstellt, an dessen Wirksamkeit wir am allermeisten glauben. Natürlich finden wir es höchst bedrohlich gerade dieses Muster hinter uns zu lassen und etwas ganz anderes zu probieren, was wir noch gar nicht kennen. Deshalb ist der Weg vom Südmondknoten zum Nordmondknoten eine Aufgabe für unser ganzes Leben und nicht etwas, das man in wenigen Jahren hinter sich bringt. Doch jeder trägt das Potenzial des Nordmondknotens in sich, er muss es allerdings selbst aktivieren, damit es in Funktion tritt.

Die Mondknoten sind also ein ganz zentraler Bestandteil des Horoskopes; tatsächlich sind sie oft der Schlüssel, um ein Horoskop überhaupt zu verstehen. So mögen Sie vielleicht Widder mit Aszendent Löwe und dem Mond im Steinbock sein und trotz dieser gesammelten Kraft sind Sie eher schüchtern, haben wenig Selbstvertrauen und möchten sich am liebsten vor der Welt verkriechen. Ein Blick auf Ihren südlichen Mondknoten im Krebs und im 12. Haus wird sofort erklären, warum es Ihnen so schwer fällt, mit Ihrer Stärke in Kontakt zu kommen und kraftvoll aufzutreten.

Eine meiner Klientinnen ist Wassermann mit Aszendent Zwillinge und dem Mond in der Waage, also mit einer reinen Luftbetonung, die sie unbeschwert, experimentierfreudig, offen und locker machen würde. Als sie jedoch vor einigen Jahren zu mir kam, fühlte sie sich niedergedrückt von den vielen Sorgen, die sie ihr ganzes Leben lang gequält hatten. Sie war ständig dabei ihr Leben und das der Leute in ihrer Umgebung zu organisieren und wenn ihr das nicht gelang, fühlte sie sich schuldig. Das ist das Muster, das ein Jungfrau-Südmondknoten mit in dieses Leben bringt. Seine Lebensaufgabe ist das Loslassen all dieser Sorgen, ein tiefes Durchatmen und Sich-Öffnen im Vertrauen auf die Weisheit von etwas Größerem.

Ein anderer Klient wiederum ist Stier, hat den Mond im Steinbock und den Aszendenten im Löwen, eine sehr beständige und solide Mischung. Aber als er zum ersten Mal zu mir kam, fühlte er sich unklar und haltlos. Er lebte vom Geld seiner Großeltern, träumte sich durch sein Leben, hob die Frau, die er verehrte, in den Himmel und hatte immer wieder Suchtprobleme. Sein Südmondknoten steht in den Fischen und er muss genau das lernen, was der Jungfrau-Südmondknoten schon so gut kann: seinen Verstand einschalten, Verantwortung übernehmen und sein Leben organisieren. Das hingegen, was der Jungfrau-Südmondknoten lernen muss, nämlich loszulassen und zu vertrauen, das hilft ihm in diesem Leben nicht weiter. Das kann er schon – zu gut.

Der südliche Mondknoten zeigt also immer an, was uns leicht fällt und vertraut ist, was wir aber hinter uns lassen müssen, weil es uns in diesem Leben eher behindert. Der nördliche dagegen weist hin auf das, was wir zu lernen haben, um aus den festgefahrenen Mustern des Südmondknotens auszusteigen und seine Gaben erst wirklich ausschöpfen zu können.

Der Südmondknoten weist hin auf ein Erbe, auf Eigenschaften und Haltungen, die wir zwar überkultiviert haben, die jedoch in sich wertvoll und bereichernd sein können. Das Problem ist unsere Fixierung auf sie. Als Säugling war ein Schnuller vielleicht eine angemessene Lösung für Gefühle des Unwohlseins, aber wenn Sie auch noch als 40-jähriger Bankangestellter versuchen Probleme auf diese Art zu lösen, dann werden Sie damit nicht viel erreichen; im Gegenteil, Sie werden in Ihrer Umgebung Befremden und Widerstand auslösen.

Genauso machen wir es aber mit den Mustern, die unserem Südmondknoten entsprechen: Ein Südmondknoten im Löwen empfiehlt uns in problematischen Situationen zum Beispiel, uns um die Meinungen, Empfindungen und Bedürfnisse anderer nicht weiter zu kümmern, weil die letztlich sowieso irrelevant sind. Das hat einmal gestimmt, nämlich als wir selbst derjenige waren, der den Ton angab und dem sich jeder zu unterwerfen hatte. Da wir heute jedoch nicht mehr in dieser Position sind, werden uns Beziehungen solange Schwierigkeiten bereiten, bis wir erkennen, dass unsere Antwort auf andere Menschen veraltet und überholungsbedürftig ist, dass wir also etwas Neues lernen müssen, um hier und jetzt klarzukommen.

Wie gesagt, es geht nicht darum dem südlichen Mondknoten völlig den Rücken zu kehren. Um beim Löwe-Südmondknoten zu bleiben: Für die „Großen der Gesellschaft“ war es z.B. oft einfacher kreativ zu sein als für das „gewöhnliche Volk“, da sie sich nicht um den alltäglichen Kleinkram, Finanzielles oder darum kümmern mussten, ob andere die Produkte ihrer Kreativität schätzen würden.

Zum Löwe-Südmondknoten gehört also oft ein ungeheuer kreatives Potenzial. Das soll natürlich in diesem Leben nicht untergehen. Es wird aber schlechterdings nicht mehr möglich sein dieses Potenzial auf altbewährte Art und Weise anzuzapfen. Erst im Lichte des Nordmondknotens darf es auch in diesem Leben leuchten und scheinen.

Zum Zweiten gilt es die Bedürfnisse des Südmondknotens anzuerkennen. Was ist schon so schlimm daran, wenn man wichtig sein (Löwe), sich geborgen fühlen (Krebs) oder alles wissen will (Zwillinge)? Wir müssen nur verstehen, dass, egal wie kuschelig und gemütlich wir uns z.B. als Krebs-Südmondknoten unser Leben gestalten – ein Gefühl der Erfüllung erlangen wir erst, wenn wir uns von dort aus hin zum Nordmondknoten Steinbock bewegen.

Wir brauchen unbedingt eine gewisse Befriedigung unserer Südmondknoten-Bedürfnisse, damit wir von einer soliden Basis aus zum Nordmondknoten starten, aber wir dürfen nicht an dieser Basis hängen bleiben. Es wird uns dort auch nicht wirklich gut gehen, wir bekommen das Gefühl von Stagnation und sind frustriert, weil unsere altbewährte „Schnullerlösung" uns nicht glücklich macht.

Sich zum Nordmondknoten zu bewegen, passiert normalerweise nicht ganz freiwillig. Anfangs kommen wir gar nicht auf die Idee, dass ausgerechnet dort, wo es sich so unbequem, anstrengend und beängstigend anfühlt, ein Schatz für uns vergraben liegen soll. Das Leben hilft also meist ein wenig nach, damit wir in die Gänge kommen. Aber immer, absolut immer, ist es von einem ungeheuren Glücksgefühl begleitet, wenn wir uns aktiv in die neue Richtung des Nordmondknotens bewegen, und je mutiger wir dabei sind, desto mehr wird uns das Leben dabei unterstützen!

WIE LESE ICH DIESES BUCH?

Nachdem Sie schon die einleitenden Worte gelesen haben, können Sie eigentlich nichts mehr falsch machen! In der Tabelle ab Seite 126 finden Sie unter ihrem Geburtsdatum das Zeichen, in dem der Südmondknoten in Ihrem Horoskop steht.

Auch wenn hier natürlich immer nur der Prototyp einer bestimmten Mondknotenstellung beschrieben wird, der in seiner reinen Form nie oder fast nie existiert, bin ich sicher, dass Sie sich in dem Kapitel zu Ihrem Südmondknotenzeichen wiedererkennen!

Die Mondknoten stehen in unserem Geburtshoroskop jedoch nicht nur in Zeichen, sondern auch in Häusern und sind eingebunden in vielfältige astrologische Zusammenhänge. Daraus ergibt sich eine ganz individuelle Kombination, die manchmal sogar widersprüchlich zu sein scheint. Nur ein Astrologe, der mit den Mondknoten erfahren ist, kann wirklich alle Aspekte und Planetenkonstellationen in seine Deutung einbeziehen. Doch möchte ich Sie ermutigen ruhig Ihre eigenen Vermutungen anzustellen!

Wenn Sie ihr individuelles Horoskop kennen, lesen Sie sich auch die Kapitel durch, die sich auf die bei Ihnen beteiligten Häuser beziehen. Für manche Menschen ist die Hausposition ihrer Mondknoten noch fühlbarer als die Zeichenposition. Je genauer Sie die Mondknotenstellung in Ihrem Horoskop erfassen, desto bewusster wird Ihnen der Rahmen, in dem Sie sich bewegen – was gehört zum Alten und was zum Neuen? So können Sie in Ihrem Leben andere Prioritäten setzen oder sich bestätigt fühlen, dass Sie bereits auf dem richtigen Weg sind – wahrscheinlich von beidem ein wenig.

Das Symbol für den südlichen Mondknoten ist ☋.
Das Symbol für den nördlichen Mondknoten ist ☊.

Sollte in Ihrem Horoskop nur der nördliche Mondknoten eingezeichnet sein, so finden Sie den südlichen Mondknoten an derselben Stelle im gegenüberliegenden Zeichen.

Im Anschluss an die Kapitel zu den einzelnen Südmondknoten Positionen finden Sie praktische Tipps, wie Sie sich selbst auf Ihrem Weg hin zum Nordmondknoten unterstützen können. Wundern Sie sich nicht, wenn Ihnen diese Vorschläge zunächst recht unattraktiv erscheinen – schließlich weisen sie in eine Richtung, die Ihnen vielleicht noch fremd ist!

Der Nutzen der praktischen Tipps wird Ihnen wahrscheinlich deutlicher werden, wenn Sie sie zunächst für einige Ihrer Bekannten lesen.

Generell werden Sie andere Menschen besser verstehen, wenn Sie über deren Mondknoten Bescheid wissen, selbst wenn man aus dem Horoskop allein nicht ablesen kann, wie weit sich jemand bereits zu seinem nördlichen Mondknoten hin entwickelt hat.

Doch ob Sie sich nun mit der eigenen Mondknotenposition oder der Ihrer Bekannten beschäftigen, bitte beachten Sie immer eines: Jeder braucht seine ganz individuelle Zeit, um sich aus der Identifikation mit dem südlichen Mondknoten herauszulösen. Haben Sie also Geduld und Mitgefühl mit anderen und mit sich selbst!

Widder-Südmondknoten – Waage-Nordmondknoten

oder

Südmondknoten im 1. Haus – Nordmondknoten im 7. Haus

Die Mentalität des Südmondknotens im Widder ist die eines Kriegers. Er ist autonom, er ist in Bewegung und seine Hauptorientierung ist der Kampf ums Überleben. Daher ist es für ihn ganz natürlich, dass er sich selbst der Nächste ist. Er hat es noch nicht gelernt mit anderen zu kooperieren, ihre Gefühle und Empfindungen in Betracht zu ziehen oder gar Verbindlichkeiten einzugehen. Ein Krieger geht praktischerweise erst einmal davon aus, dass andere genau so sind wie er, nämlich. dass sie in erster Linie überleben und gewinnen wollen.

Rasches Reagieren gehört zu seinem Überlebensprogramm, nach dem Motto: Wer zu spät zieht, ist ein toter Mann. Und da sich der Südmondknoten Widder innerlich immer noch auf dem Schachtfeld, im Guerillakrieg oder im Duell befindet, fühlt er sich leicht angegriffen und schlägt dann impulsiv – und oft voreilig – zurück. Mit dieser Haltung kann er auch die friedfertigsten Menschen so provozieren, dass sie sich gegen ihn stellen. Das passiert unbewusst: Er greift an, weil er sich angegriffen fühlt. Sein Gegenüber, völlig überrascht, reagiert dann selbst mit einem Gegenangriff und schon findet sich der Widder-Südmondknoten auf vertrautem Terrain wieder: im schönsten Kampfgetümmel.

In diesem Leben geht es aber nicht mehr um Kampf. Die anderen sind gar nicht gegen ihn und er könnte sich eigentlich entspannen. Obwohl er sich nach dieser Entspannung sehnt, rastet der alte Mechanismus immer wieder ein. Seine Lebensaufgabe besteht jetzt darin zu lernen, dass andere Menschen nicht nur keine Feinde sind, sondern Freunde sein können, wenn man es richtig angeht. Und dieses richtige Angehen versucht das Leben ihm nun beizubringen.

Zunächst muss er andere überhaupt wahrnehmen, dann kann er anfangen sie kennen zu lernen. Das erfordert eine willentliche Anstrengung, es kommt meist nicht von alleine. Er muss beginnen sich dafür zu interessieren, wie andere Menschen denken und fühlen und ihnen das Recht zugestehen, dass sie anders sind als er. Das ist für den Widder-Südmondknoten oft sehr frustrierend. Besonders unangenehm sind ihm die empfindsamen Seelchen, die nicht wie er energiegeladen, willensstark, mutig und diszipliniert durchs Leben stürmen. Es geht ihm auf die Nerven, wenn andere mehr Zeit brauchen als er oder sich gemütlich auf die faule Haut legen, statt fit wie ein Turnschuh loszusprinten, um zu erledigen, was er sich gerade in den Kopf gesetzt hat. Ein Widder-Südmondknoten braucht eine Menge dynamischer Meditationen, um seine Wut und seinen Ärger darüber, dass er nicht mehr die Nummer Eins sein soll, aus seinem System zu fegen.

Hier muss darauf hingewiesen werden, dass es den reinen Südmondknoten nicht gibt. Zum einen sind die Mondknoten als solche in das gesamte Geburtshoroskop eingebunden, was ihre Bedeutung individuell variiert. Zum anderen baut sich die Seele immer auch einige „Sollbruchstellen“ ins Geburtshoroskop ein. Steht z.B. der Südmondknoten im Widder, dann werden meist andere Faktoren im Horoskop dafür sorgen, dass die ungestüme Widder-Kampfkraft gebremst und man dadurch gedrängt wird eine neue Richtung anzuvisieren.

Beim Widder-Südmondknoten geht diese neue Richtung hin zur Waage, dem Beziehungszeichen, also hin zu einer Orientierung am Du, zu Ausgeglichenheit und liebevollem Miteinander.

Die Waage steht für Frieden, Toleranz und Diplomatie. Der Waage-Nordmondknoten sieht immer beide Seiten, ist ausgewogen und strebt nach Schönheit und Harmonie. Sein Augenmerk liegt auf dem, was stimmt und was gut ist, und das bewirkt, dass er das Leben mehr genießt und andere Menschen näher an sich herankommen lässt. Hierfür muss der Widder-Südmondknoten lernen zurückzustecken und langsamer zu treten. Oft wird er die Erfahrung machen, dass er trotz allen Elans gegen Wände läuft, während anderen das, worum er verbissen kämpft, einfach so zufliegt. Zum Erfolg auf dem Schlachtfeld waren seine Qualitäten gut geeignet, doch in seinem heutigen Leben kommt es vorrangig auf soziale Qualitäten an und die muss er erst entwickeln. Seine Empörung, seine Egozentrik und seine Gewohnheit kompromisslos den eigenen Impulsen zu folgen, schrecken andere ab und dadurch behindert er sein Vorankommen. Dabei hat er sehr viel zu geben. Der Widder-Südmondknoten verfügt über ein urgesundes Selbstvertrauen, das andere enorm ermutigen und unterstützen kann.

Um das aber auch zu tun, muss sich der Waage-Nordmondknoten geltend machen, dem das Wohl anderer wirklich am Herzen liegt und der sich gerne für sie engagiert. Der Widder-Südmondknoten neigt eher dazu, genau aufzurechnen, damit er nur ja nie zu viel gibt, denn er will nicht ausgenutzt werden.

Es ist aber leider in diesem Leben so, dass er nur dann weiterkommt, wenn er mehr – und nicht weniger – gibt als andere. Das ist sein Karma. Andere haben andere Lebensaufgaben und ein anderes Karma – und keines ist einfacher als das andere. Einem selbst scheint das eigene immer das schwerste zu sein – deswegen hat man es ja!

Solange der Widder-Südmondknoten sich hauptsächlich um sich selbst dreht, wird er in diesem Leben keine Erfüllung finden. Auch wenn er äußerlich Erfolg haben sollte, wird ihm seine zunehmende Isolierung mehr und mehr zu schaffen machen. Er spürt instinktiv selbst, dass es für ihn um Beziehungen geht, er weiß nur nicht, wie man das macht. Er hat in dieser Hinsicht keine Erfahrung, Beziehungen sind für ihn Neuland. Wenn er dies erst einmal anerkennt, dann kann er lernen, sich einfühlsam auf andere zuzubewegen. Doch damit nicht genug: Er lernt auch, wie man seine Beziehungen pflegt, ihnen immer wieder Energie zukommen lässt und in schwierigen Zeiten „dranbleibt". Wenn er stets darauf achtet, dass sich die Dinge für alle Beteiligten gut und rund anfühlen, dann ist er auf dem richtigen Weg. Mit der ihm eigenen Entschlossenheit und Antriebskraft kann der Widder-Südmondknoten sich tatsächlich zum Beziehungsexperten entwickeln!

Sein Motto „Angriff ist die beste Verteidigung“ bringt ihn jedoch oft in Situationen, wo er andere überrennt oder ihre Gefühle missachtet. Rücksichtnahme, die aus dem Herzen kommt, ist Ausdruck seines Wachstumsprozesses.

Er muss sich dazu überwinden „Entschuldigung“ zu sagen, wenn er offensichtlich jemanden verletzt hat, denn sein Heißblut soll sich in diesem Leben ganz allmählich in abgeklärte Gelassenheit verwandeln und seine Ich-Bezogenheit in Liebe.

Seine größte Herausforderung besteht darin, sich verletzbar zu machen. So etwas geht einem alten Krieger natürlich völlig gegen den Strich, ist aber die einzig wirkliche Brücke zu anderen. Er muss lernen, sich offen zu zeigen, so wie er eben ist. Der Widder-Südmondknoten dagegen versucht ein Image aufrechtzuerhalten und mit viel Geheimnistuerei dafür zu sorgen, dass andere ihn bloß nie an seinen verwundbaren Stellen treffen können.

Dem Nordmondknoten in der Waage dagegen geht es um Begegnung. Er weiß instinktiv, dass wahre Begegnung nur in Offenheit möglich ist.

Ein gepanzertes Herz ist unberührbar und berührt niemanden. Ein offenes Herz ist verwundbar, doch nur dann berührt es andere und lädt sie zu sich ein.

In vieler Hinsicht trifft diese Beschreibung auch auf den Südmondknoten in enger Verbindung mit Mars und/oder auf den Nordmondknoten in enger Verbindung mit Venus zu, selbst wenn die Mondknoten nicht in Widder – Waage stehen.

Praktische Tipps für diesen Mondknoten auf Seite 114.

MUT LOSZULASSEN

Stier-Südmondknoten – Skorpion-Nordmondknoten

oder

Südmondknoten im 2. Haus – Nordmondknoten im 8. Haus

Der Stier-Südmondknoten ist wie kein anderer aufs Überleben abgestimmt. Er hat ein unglaubliches Durchhaltevermögen, dabei ist er realistisch, praktisch, grundsolide und handelt aus seiner Mitte heraus. In seinem Leben regiert nie das Chaos, man kann sich meist hundertprozentig auf ihn verlassen und sein Umfeld ist voll schöner und angenehmer Dinge.

Es ist, als hätten die meisten Menschen mit Stier-Südmondknoten in vergangenen Leben zweierlei Erfahrungen gemacht.

Der vorherrschende Typus war einmal „der harte Arbeiter", der gründlich und mit viel Energieaufwand dafür gesorgt hat, dass er und sein Clan gut abgesichert leben konnten. Damals war seine klare Ausrichtung auf Überleben und Vermehren eine kreative Leistung, heute ist daraus jedoch die Fixierung geworden, sich immer und mit aller Kraft dagegen zu sträuben, irgendetwas Erworbenes wieder loszulassen – wobei es sich um Materielles handeln kann, um Gefühle, um gedankliche Konzepte oder um Überzeugungen. Er tendiert dazu, an dem, was ihm einmal lieb war, auch dann noch festzuhalten, wenn es sich längst überlebt hat, und genauso wenig überprüft er seine Abneigungen. Generell tut er sich schwer seine Einstellungen zu verändern. Diese Haltung führt im Extremfall zu Borniertheit

und Stagnation. Sogar an den eigenen Problemen hält der Stier-Südmondknoten hartnäckig fest! Lösungen mag er nicht wirklich, denn sie bedeuten ein Sich-Lösen vom gewohnten Trott und das macht ihm Angst. Dadurch bleibt er oft viel zu lange in leidvollen Situationen hängen. Er reagiert auf Veränderungen immer noch so, als würden sie sein Überleben gefährden und kann sich kaum vorstellen, dass er von ihnen profitieren könnte. „Was man hat, das hat man" könnte sein Lebensmotto sein.

Genuss und sein Lebensstandard sind dem Stier-Südmondknoten wichtig. Wir alle kennen die durch Krieg und Hunger geprägten Menschen, die auch dann noch jeden Pfennig umdrehen, wenn ihr Bankkonto bereits aus allen Nähten platzt. Andere wiederum müssen sich ständig beweisen, dass die kargen Zeiten vorbei sind und sind geradezu zwanghaft verschwenderisch. So ähnlich geht es dem Stier-Südmondknoten. Seine Fixierung aufs Materielle bewirkt außerdem, dass er sich von Sachzwängen gefangen halten lässt und damit seine Lebendigkeit blockiert.

Über innere oder gar jenseitige Phänomene zu spekulieren, konnte sich der Stier-Südmondknoten in seinen vergangenen Leben nicht erlauben, schließlich ging es ums Überleben. Doch selbst wenn er sich in diesem Leben die eigene Transformation auf die Fahne geschrieben hat und von einer Therapiegruppe in die nächste wechselt, wird er die wirklich nötigen Veränderungen lange Zeit vor sich herschieben. Das Feed-back anderer, die ihn darauf aufmerksam machen wollen, weist er dann zurück. Manchmal ist es aber auch das harte Transformationsprogramm selbst, was einer wirklichen Veränderung im Wege steht. Der Energieeinsatz, mit dem der Stier-Südmondknoten etwas zu erreichen sucht, ist oft unverhältnismäßig hoch. Er will sich ständig beweisen, dass er etwas taugt, und sein Selbstwert definiert sich darüber, wie viel er schafft. Da er den Kontakt mit seinem Innenleben noch entwickelt, ist sein Handeln oft Selbstzweck. Ein intelligenter Krafteinsatz im Einklang mit seinen wahren Bedürfnissen gehört zu seinen wichtigsten Lernaufgaben in diesem Leben.

Dies gilt auch für den zweiten Typus des Stier-Südmondknotens, der aus einem Leben der Dekadenz und der kompletten Unbeweglichkeit kommt. Er ist antriebslos, möchte weiterhin ein bequemes Leben ohne große Höhen und Tiefen führen und wehrt alles ab, was seine heilige Ruhe stört. Dazu gehören meistens auch andere Menschen. Für diesen Typus ist es am wichtigsten, seine Energien zu mobilisieren und aus seiner Lethargie herauszukommen.

Der Weg hin zum Nordmondknoten Skorpion beginnt für beide Typen damit, dass sie sich für Begegnung öffnen. Dadurch, dass sie sich mit anderen verbinden, verlassen sie ihren eingefahrenen Weg. Ein Stier-Südmondknoten meint oft, er brauche andere nicht wirklich, denn Gemeinsamkeit ist unbequem, weil sie erfordert, dass wir uns immer wieder infrage stellen – und Unbequemes hat der Südmondknoten Stier gar nicht gerne. Ihm wird daher oft besonders viel Sexappeal in die Wiege gelegt, was es ihm erschweren soll, Beziehungen aus dem Wege zu gehen.

In diesem Leben lernt er, sich auf das Risiko tiefer Beziehungen einzulassen; er lernt, seine Liebe, seine Energie, seine Ängste, seine Sexualität und seine materiellen Mittel mit anderen zu teilen, statt sich zu isolieren oder sich in seinen Beziehungen nur bequem einzurichten.

In der Begegnung mit anderen beginnt der Stier-Südmondknoten also, sich auf Veränderungen einzulassen. Er glaubt gerne schon alles zu wissen, denn dann kann auch alles so bleiben, wie er es sich eingerichtet hat. Es fällt ihm oft schwer wirklich zu erkennen, was andere brauchen; denn wenn er beginnt, ihnen zuzuhören, auf sie einzugehen und sie zu würdigen, zwingt ihn dies über kurz oder lang, sich aus seiner Komfortzone zu lösen.

Oft lässt er nicht einmal zu, dass andere ihm helfen oder ihn unterstützen. Mit dem Starrsinn des Stier-Südmondknotens nimmt es so leicht keiner auf!

Alles, was seinen Status Quo gefährden könnte, ist für ihn zunächst einmal bedrohlich, selbst wenn es zu seinem Besten ist. Loslassen in jeder Form ist sein Schlüssel, sei es, dass er seine Schränke ausmistet, eine Diät macht, Beziehungen, die ihn nicht mehr nähren, hinter sich lässt oder ganz generell Einstellungen, Ideen, Gewohnheiten oder einengende Glaubenssätze loslässt.

Auch die Welt der Sexualität birgt eine Herausforderung für ihn. Eigentlich hat er es lieber sinnlich gemütlich, Genuss und körperliche Nähe reichen ihm aus. Seinen größten Gewinn erfährt er durch Tantra, denn in einer tantrischen Begegnung vereint sich höchster Genuss mit hellwacher Bewusstheit, was wiederum zu genau der Intensität führt, die der Skorpion-Nordmondknoten einfordert.

Aufbauen und Gestalten gehört zur Welt des Stiers, das

kann er und damit fühlt er sich sicher. Loslassen, Risiken eingehen und am Rande des Abgrunds zu leben, gehört zur Welt des Skorpions. Der Wert dieser Dimension des Lebens wird dem Stier-Südmondknoten erst allmählich klar, doch wird sie sein Dasein zutiefst bereichern. Er muss in diesem Leben Risiken eingehen – materiell, emotional, intellektuell und spirituell –, damit er seine Lebendigkeit zurückgewinnt.

Er verfügt über sehr viel Kraft, doch ist dies vorerst eine geballte Kraft, die nur durch die Energie des Loslassens wieder in lebendigen Fluss kommt. Und wenn er etwas loslässt, muss er es auf die skorpionische Weise tun: radikal und ohne zurückzublicken. Von sich aus tendiert er dazu, sich immer ein Hintertürchen offen zu halten, um nur ja nicht ganz die Kontrolle zu verlieren. Faule Kompromisse aber lassen sein Leben stagnieren.

Alles, was ihn energetisiert und ihn aus seiner Stagnation reißt, unterstützt ihn auf seinem Weg. Seine Lebensaufgabe ist es, das Leben wieder in all seinen Höhen und Tiefen auszuschöpfen.

In vieler Hinsicht trifft diese Beschreibung auch auf den Südmondknoten in enger Verbindung mit Venus und/oder auf den Nordmondknoten in enger Verbindung mit Pluto zu, selbst wenn die Mondknoten nicht in Stier – Skorpion stehen.

Praktische Tipps für diesen Mondknoten auf Seite 115.

VOM WISSEN ZUR WEISHEIT

Zwillinge-Südmondknoten
Schütze-Nordmondknoten

oder

Südmondknoten im 3. Haus
Nordmondknoten im 9. Haus

Der Zwillinge-Südmondknoten meint, sein Überleben stehe und falle damit, dass er „bescheid weiß“ – über Menschen, Dinge, Situationen. Stets sammelt er so viele Informationen wie nur möglich. Ständig hat er Angst, etwas Wichtiges zu verpassen und ist immer auf Achse, um noch mehr zu lernen und in Erfahrung zu bringen. Doch kommt er mit all seinem Wissen nicht wirklich weiter, denn was er vor lauter Lernstoff völlig übersieht, ist den Lernenden – sich selbst. Er ist sehr nach außen orientiert und hat den Kontakt mit seiner inneren Stimme verloren. Wenn er nicht Bescheid weiß, ist er zutiefst verunsichert, denn der Weg nach innen, in die Tiefe seiner inneren Wahrheit, ist ihm noch wenig vertraut.

Daher versucht er durch logische Analyse zu seinen Antworten zu kommen, und dafür benötigt er normalerweise eine Menge Details. Die vielen Informationen, die er ständig sammelt, erschöpfen ihn jedoch und lassen ihn oft ausgebrannt und leer zurück. Ihm fehlt ein Wertesystem, das es ihm ermöglichen würde Prioritäten zu setzen. Er sieht immer alle Seiten einer Sache und alle besitzen für ihn die gleiche Wertigkeit. Dadurch werden ihm Entscheidungen manchmal fast unmöglich und er verzettelt sich in tausend

und einer Möglichkeit. Unentschlossenheit entsteht auch dadurch, dass er, sobald er sich für einen Weg entscheidet, einen anderen verlassen muss; und da er lieber auf allen Hochzeiten gleichzeitig tanzt, schiebt er Entscheidungen oft hinaus.

Mit dem Schütze-Nordmondknoten kann er seine Intuition nutzen, die vollkommen unabhängig von Einzelinformationen Ergebnisse liefert. Darauf muss er aber erst einmal kommen. Die Lösungswege unseres Nordmondknotens sind uns meist nicht unmittelbar zugänglich, d.h. wir müssen bewusst die tief eingefahrenen Gewohnheiten vergangener Leben hinter uns lassen und uns in eine völlig neue Richtung orientieren, um die Schätze des Nordmondknotens zu entdecken.

Der Schütze-Nordmondknoten macht es nämlich ganz anders: Er entwickelt eine Vision, setzt sich ein Ziel und erst dann sucht er einen Weg dorthin. D.h. er hat von vornherein die Antwort, die Lösung, und sammelt dann erst die nötigen Informationen, um sie umzusetzen. Ein Vorgehen, das dem Zwillinge-Südmondknoten nicht nur völlig unlogisch erscheint, sondern ihn auch enorm verunsichert, denn es setzt eine gute Portion Optimismus voraus, die ihm zunächst noch fehlt.

Absurd erscheint es ihm auch, sich ohne jegliche Informationen allein auf die eigene intuitive Einsicht zu verlassen, wie es der Schütze-Nordmondknoten tut. Der Zwillinge-Südmondknoten verlässt sich nur auf seinen Intellekt, der ihm das Gefühl der Kontrolle über seine Erkenntnisse ermöglicht.

Zur Intuition dagegen gehört Vertrauen, denn die einzelnen Schritte, die bestimmten Einsichten zu Grunde liegen, laufen zu schnell ab, um sie noch kontrollieren zu können.

Daher muss er beginnen, auf die allererste unmittelbare Eingebung, die ihm kommt zu achten und ihr zu folgen. Nur, wenn er dieses Risiko eingeht, kann er die Erfahrung machen, dass ihm dieses Verfahren nicht nur überraschend gute Ergebnisse bringt, sondern ihm auch mehr Lebensfreude beschert als der rein logische Weg. Auf seine innere Stimme zu horchen, ihr zu vertrauen und ihr vor allen anderen Stimmen Priorität einzuräumen – das ist sein größter Lernschritt in diesem Leben.

Um seiner Vision zu folgen, bringt der Schütze-Nordmondknoten Begeisterungsfähigkeit und einen ungebrochenen Optimismus mit. Dies ist dem zweifelnden Verstand des Zwillinge-Südmondknotens äußerst suspekt, doch wenn er den Mut aufbringt ohne Wenn und Aber einfach mal das Beste zu erwarten, wird er entdecken, dass meist auch das Beste geschieht! Und das wiederum verleiht ihm Schwung und Begeisterung und noch mehr Mut zum Optimismus.

Zu Menschen hat der Zwillinge-Südmondknoten ein ähnliches Verhältnis wie zu Wissen. Er „sammelt“ sie geradezu, denn Menschen sind Informationsträger. Doch auch hier wird er merken, dass ihn seine vielen Kontakte nicht nähren, sondern auslaugen, besonders, wenn viel gesprochen wird. Mit dem Schütze-Nordmondknoten beginnt er auszusortieren und sich auf die Freundschaften zu konzentrieren, die ihn wirklich bereichern.

Zwillinge-Südmondknoten haben oft in der Kindheit

Sprachprobleme; denn sie sollen lernen, über das Verbale hinauszugehen. Obwohl sie später oft viel zu viel reden, ist Kommunikation nicht unbedingt ihre Stärke. Zum erfolgreichen Kommunizieren gehört die Bereitschaft zuzuhören – eine der Stärken des Schütze-Nordmondknotens. Der erfasst nämlich den ganzen Menschen vor sich, statt sich wie der Zwillinge-Südmondknoten aus den Worten des anderen nur die ihm nützlichen Informationen herauszupicken und dann abzuschwirren, um woanders auf die Jagd zu gehen.

Dazu kommt, dass ein Schütze-Nordmondknoten seinen inneren Eingebungen vertraut und geradeheraus sagt, was er denkt – was die Kommunikation enorm vereinfacht. Der Zwillinge-Südmondknoten horcht zunächst einmal gar nicht nach innen auf irgendwelche Einsichten, sondern jongliert mit Worten und ist ein Experte im Taktieren und Manipulieren seines Gegenübers. So bleibt seine Kommunikation an der Oberfläche hängen. Für ihn ist daher Direktheit ein Schlüssel zu erfolgreichen Beziehungen. Je weniger er sich um Diplomatie bemüht, desto besser!

Der Zwillinge-Südmondknoten braucht unbedingt „redefreie" Tage! Wenn er sich eine Pause gönnt, merkt er nämlich, wie sehr ihn das, was in vergangenen Leben nur ein unterhaltsames Spiel war, jetzt anstrengt.

Ideal wäre für ihn ein einfaches Leben auf dem Lande, mit wenigen menschlichen Beziehungen, aber mit Tieren und viel Natur um sich her, dazu möglichst im Ausland, wo nicht seine Muttersprache gesprochen wird. Auf jeden Fall braucht er immer wieder Zeit und Raum, um sich zurückzuziehen und nach innen zu gehen, damit sich sein Kontakt zu seiner eigentlichen Natur stabilisiert.

Meditation und ein spiritueller Weg sind für ihn ganz besonders wertvoll. Auch sein Tempo muss er drosseln, immer wieder innehalten, abwarten und sich bewusst an den Fluss des Geschehens anschließen, statt ständig den

Impulsen seines nimmermüden Verstandes hinterherzuhecheln. Langsamkeit verhilft ihm auch zu einem besseren Kontakt mit seinem Körper, den er oft vernachlässigt und übergeht. Regelmäßig (und gut) zu essen, zu schlafen und sich an der frischen Luft zu bewegen, verschafft ihm die Grundlage, von der aus er die Visionen seines Schütze-Nordmondknotens entwickeln kann.

Ein weiteres Thema für den Zwillinge-Südmondknoten ist Ehrlichkeit. Ihren Wert muss er erst einmal entdecken. Da er dazu tendiert, alles zu relativieren und nichts einen besonderen Stellenwert zuzugestehen, ist es ihm zunächst einmal egal, ob das, was er sagt, der Wahrheit entspricht oder nicht und ob er das Wort, das er gibt, auch halten kann. Der Schütze-Nordmondknoten lehrt ihn in diesem Leben Loyalität, Verbindlichkeit, Integrität und Aufrichtigkeit, die seinem innersten Kern und seiner höchsten Wahrheit entspringen und in tiefer Weisheit münden..

In vieler Hinsicht trifft diese Beschreibung auch auf den Südmondknoten in enger Verbindung mit Merkur und/oder auf den Nordmondknoten in enger Verbindung mit Jupiter zu, selbst wenn die Mondknoten nicht in Zwillinge – Schütze stehen.

Praktische Tipps für diesen Mondknoten auf Seite 116.

ERWACHSEN WERDEN

Krebs-Südmondknoten – Steinbock-Nordmondknoten

oder

Südmondknoten im 4. Haus Nordmondknoten im 10. Haus

Der Krebs-Südmondknoten ist ein „ewiges Kind". Oft ist er lange von den Eltern oder dem Staat abhängig und immer wieder schlägt er sich mit dem Gefühl herum, eigentlich noch nicht reif genug zu sein, um selbst etwas auf die Beine zu stellen. In vergangenen Leben wurde er von seiner Familie vor der kalten, harten Welt abgeschirmt. Egal aus welchen Gründen dies geschah, in dem geschützten Klima seiner kleinen vertrauten Welt fühlte er sich sicher und zugehörig und konnte sanft und verletzlich sein. Dadurch, dass er sich seiner eigenen Empfindsamkeit so bewusst war, entwickelte er ein außerordentliches Mitgefühl für andere Menschen, das sich heute in der zärtlichen Fürsorge ausdrückt, die er ihnen zukommen lässt.

In diesem Leben wird er allerdings häufig in eine unterkühlte Atmosphäre hineingeboren – ein großer Schock! Daher plagt ihn zeitlebens sein unendliches Bedürfnis nach Wärme, Sicherheit, Geborgenheit und emotionaler Nahrung. Der Krebs-Südmondknoten muss sich zuallererst seine Gefühle der Verletzlichkeit, Schwäche und Bedürftigkeit eingestehen, denn nur dann kann er Verantwortung dafür übernehmen, seine Bedürfnisse zu stillen.

Wenn er dagegen so tut, als bräuchte er nichts und niemanden, wird er krank oder depressiv. Wahrscheinlicher aber ist es, dass er zu den ewig Klagenden gehört, deren

Unglück kein Ende zu nehmen und gegen jeden guten Rat gefeit zu sein scheint. Wenn der Krebs-Südmondknoten nämlich etwas Konstruktives tut, um sich aus seiner Misere zu befreien, nimmt er sich selbst nicht ganz ernst dabei. Dass er in der Lage sein sollte, sein Schicksal in die eigenen Hände zu nehmen, kann er sich kaum vorstellen und bewegt sich so oft zwei Schritte vor und ein, zwei oder drei wieder zurück.

In der Konfrontation mit Autoritätspersonen steht er tausend Ängste aus, denn in jeglicher Hierarchie siedelt er sich automatisch ganz unten an und leidet dann darunter, dass niemand seine Fähigkeiten anerkennt. Dabei ist er selbst es, der sich boykottiert.

Der Krebs-Südmondknoten braucht keinesfalls mehr Liebe oder mehr Schutz – was er braucht, ist mehr Kraft. In vergangenen Leben hat er von anderen zu viel Hilfe bekommen. Dadurch ist er schwach und hilflos geworden; jetzt muss er daran gehen, seine eigenen „Muskeln" wieder aufzubauen.

Ein Krebs-Südmondknoten muss sich immer wieder dazu zwingen, seinen Ängsten und Unsicherheiten nicht nachzugeben. Er muss sich Ziele setzen, Risiken eingehen, den gewohnten Rahmen sprengen. Er muss sich anstrengen und initiativ werden. Niemand wird ihm das abnehmen, aber sobald er sich wirklich einsetzt, bekommt er die Unterstützung, die er sich ersehnt – jedoch erst dann!

Er darf sich nicht mit negativen Möglichkeiten beschäftigen, sondern muss sich auf die von ihm gewünschten positiven Ergebnisse konzentrieren. Selbstdisziplin, Eigenständigkeit und Verantwortlichkeit sind seine Schlüsselworte. Was er nicht mehr tun darf, ist regredieren, in seine Gefühle zerfließen und sich mit kleinen Brötchen zufrieden geben. Er soll in diesem Leben richtig große Brötchen backen!

Dazu muss er erkennen, dass Fehler und Probleme zum Leben gehören. Er meint immer, er dürfe sich nur vorwagen, wenn er alles kann und wenn alles glatt läuft; sobald etwas schief geht, glaubt er, er sei ungeeignet, und gibt auf. Er muss sich klar machen, dass ein Problem eine Herausforderung seiner Fähigkeiten ist, und nicht etwa ein Beweis seiner persönlichen Unfähigkeit. Damit würde er sich nur wieder aus der Verantwortung stehlen.

Der Krebs-Südmondknoten benutzt den Weg des inneren Wachstums gerne, um sich vor dem Leben als Ganzem zu drücken. Er tut alles, wenn es um sein Innenleben geht, doch sein Mut verlässt ihn augenblicklich, wenn er mit der Außenwelt konfrontiert wird, mit Politik, Öffentlichkeit, Recht und Wirtschaft, mit Vernunft und harten Fakten. Dank dem Steinbock-Nordmondknoten traut er sich irgendwann, herauszufinden, wie die Welt da draußen funktioniert.

Im therapeutischen Prozess ist er Meister im Regredieren und neigt dazu, sich mit seinem inneren Kind zu identifizieren. Dass er dadurch immer weniger in der Lage ist für sich selbst zu sorgen, wird ihm erst allmählich klar.

Zukunftsziele gelten ihm oft als unspirituell. Für den Krebs-Südmondknoten ist es jedoch von Vorteil, sich Ziele zu setzen, denn sie dienen ihm als Instrument, mit dem er seine Energie fokussieren und für etwas einsetzen kann, das über sein persönliches Wohl und Wehe hinausgeht. Seine Zukunft zu planen erfordert Realismus, Disziplin und Objektivität und dass er Verantwortung für sich übernimmt – die Geschenke des Steinbock-Nordmondknotens.

Der Krebs-Südmondknoten gibt die Verantwortung gerne an das Universum ab, nicht aus Demut, sondern weil er sich nicht zutraut die Dinge selbst in die Hand zu nehmen. Wenn etwas nicht funktioniert, schließt er daraus, es habe nicht sein sollen. Seine spezielle Lektion in einem solchen Fall heißt jedoch: Seine Energie einsetzen und es zum Funktionieren bringen!

Der Krebs-Südmondknoten will Kind bleiben. Verpflichtungen sind ihm ein Gräuel, er will spielen und sich treiben lassen. Wie den anderen Mondknoten-Positionen auch, ist ihm eine erfolgreiche Wiederholung seiner alten Muster jedoch verwehrt. Nur das volle Engagement für seine Vorhaben verleiht ihm die Kraft, Zentriertheit und Klarheit, die ihn in diesem Leben glücklich machen.

Beziehungen sind dem Krebs-Südmondknoten ungeheuer wichtig, was wäre er ohne andere – die zumindest potenziell für ihn sorgen können? Er hat große Angst, verlassen zu werden. Um dies zu verhindern, hat er zwei unbewusste Strategien: Zum einen macht er sich unentbehrlich für andere. Auf Grund seiner ungeheuren Sensibilität und großen Herzenswärme versammeln sich gerade die vom Leben Geschlagenen um ihn und er versteht und umsorgt sie – und hat die Situation damit unter Kontrolle, denn sein eigenes Inneres muss er dabei nicht öffnen. Zwar übernimmt er die Verantwortung für andere, nicht aber für sich selbst. Seine zweite Strategie kommt zum Einsatz, wenn er sich bedroht fühlt: Dann versucht er andere mit emotionsgeladenen Anklagen und tränenreichen Ausbrüchen dazu zu kriegen, seine Sehnsüchte zu erfüllen.

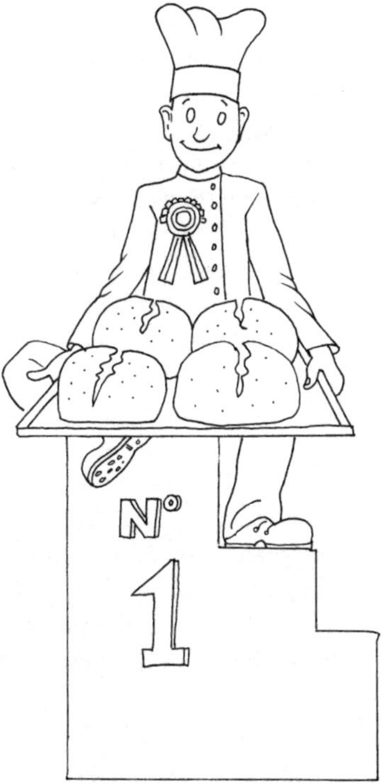

Der Krebs-Südmondknoten muss seine Bedürfnisse aushalten lernen, ohne andere für ihre Befriedigung verantwortlich zu machen.

Der Weg zum Nordmondknoten-Steinbock kommt dem Krebs-Südmondknoten steinig und einsam vor, denn solange er sein Schicksal nicht in die eigenen Hände nimmt, stolpert er unglücklich vor sich hin und hofft vergeblich darauf, dass ihm jemand hilft. Er muss die bewusste Anstrengung unternehmen, seine alten Muster und Gewohnheiten hinter sich zu lassen. Das Leben versucht zwar uns in die Richtung unseres jeweiligen Nordmondknotens zu drängen, doch die Muster des Südmondknotens sind immer zäh und nur durch bewusste Entschlossenheit außer Kraft zu setzen.

Doch wenn der Krebs-Südmondknoten endlich festen Boden unter den eigenen Füßen spürt und die Sicherheit in jeder Hinsicht für sich selbst sorgen zu können, hat er die klare Bergwelt des Steinbocks betreten und kann von ihren Gipfeln aus seine kindliche Gefühlswelt sowohl annehmen als auch mit meditativem Abstand betrachten.

In vieler Hinsicht trifft diese Beschreibung auch auf den Südmondknoten in enger Verbindung mit dem Mond und/oder auf den Nordmondknoten in enger Verbindung mit Saturn zu, selbst wenn die Mondknoten nicht in Krebs – Steinbock stehen.

Praktische Tipps für diesen Mondknoten auf Seite 117.

VOM ICH ZUM WIR

Löwe-Südmondknoten – Wassermann-Nordmondknoten

oder

Südmondknoten im 5. Haus Nordmondknoten im 11. Haus

Der Südmondknoten-Löwe bringt eine Menge wunderbarer Qualitäten mit in dieses Leben: Er ist aufrichtig, kreativ, begeisterungsfähig, optimistisch, engagiert, willensstark und großzügig! Und er weiß darum, deshalb hat er ein außerordentliches Selbstbewusstsein; ein Löwe-Südmondknoten lässt sich nicht unterkriegen! Doch er glaubt zu sehr an seine eigene Größe, ihm fehlen noch Demut und Menschlichkeit und die Einsicht, dass gewöhnlich zu sein das Ungewöhnlichste auf der Welt ist.

Die Löwe-Südmondknoten waren in vergangenen Leben in herausragenden Positionen: Könige, Prinzessinnen, angebetete Künstler, sie saßen im Chefsessel und waren über alles erhaben. So sind sie auch jetzt noch zutiefst davon überzeugt, etwas Besonderes zu sein und Anspruch auf Sonderbehandlung zu haben.

Wie die anderen Südmondknoten auch laufen sie mit einem falschen Selbstbild durchs Leben, das sie oft überzeugend nach Außen projizieren.

Dann beeindrucken sie durch ein besonderes Charisma, das ihnen viele Türen öffnet. Doch häufig wird allzu schnell klar, dass sie die viel zu hohen Erwartungen, die sie geweckt haben, nicht erfüllen können.

Wenn in ihrem Leben etwas schief geht oder wenn andere ihnen widersprechen, sind sie wütend oder einfach verwirrt. Es geht ihnen nicht in den Kopf, wenn andere oder

das Leben selbst sie in dem, was sie zu sein meinen, nicht bestätigen. Das Leben will ihnen jedoch etwas sagen, wenn es ihren Wünschen nicht entspricht. Vielleicht sind ihre Vorstellungen falsch oder der Zeitpunkt stimmt nicht.

Sie brauchen die Demut zu erkennen, dass sie sich in einem größeren Zusammenhang bewegen, den sie allein nicht überblicken können, und sie müssen akzeptieren, dass sie innerhalb dieses Zusammenhanges nicht wichtiger sind als andere – auch wenn sie es einmal waren. Das ist nicht einfach, es verlangt von ihnen große seelische Reife, ihr eigenes Südmondknotenmuster zu erkennen. Doch machen sie sich ihr Leben zur Hölle, wenn ihr immenser Löwe-Stolz weiterhin das Zepter in der Hand behält. Wie die anderen Mondknotenpositionen auch, kommt der Löwe-Südmondknoten mit dem alten Muster heute nicht weiter, es greift nicht mehr, denn die Umstände haben sich geändert. Insbesondere werden sich andere Menschen mehr und mehr von ihm abwenden, wenn er ihnen nicht von gleich zu gleich begegnet.

Ein Krebs-Südmondknoten muss sich noch mehr anstrengen, statt aufzugeben, wenn etwas nicht so läuft, wie er will – nicht aber ein Löwe-Südmondknoten. Doch genau das wird er tun: Mit allen Mitteln und ungeheurer Beharrlichkeit wird er versuchen seinen Willen durchzusetzen. Der Löwe-Südmondknoten ist ein schlechter Verlierer, er fühlt sich persönlich angegriffen, wenn jemand oder die Umstände ihn seine Ohnmacht spüren lassen. Er muss in solchen Fällen innehalten und in den Spiegel schauen: Anerkennung wird ihm meist deshalb versagt, weil er selbst andere nicht neben sich gelten lässt. Er macht also genau das mit anderen, was sie mit ihm machen.

Der Wassermann-Nordmondknoten dagegen weiß darum, dass alles gleichwertig nebeneinander steht, er vertritt die Werte der Französischen Revolution: Freiheit, Gleichheit, Brüderlichkeit. Die Werte des Löwe-Südmondknotens sind autokratisch: Er glaubt an ein Oben und ein Unten. Daraus entsteht oft Neid und Wut, im Extremfall sogar Größenwahn.

Zwar sind Löwe-Südmondknoten in erstaunlichem Maße von der Richtigkeit ihrer persönlichen An- und Absichten überzeugt, doch steht ihr Selbstwertgefühl eigentlich auf wackeligen Beinen. Sie sind lediglich mit ihrer alten Rolle identifiziert; doch ihr enormer Hunger nach Anerkennung und ihre oft blinde Autoritätshörigkeit zeigen, wie wenig sicher sie sich in ihrer eigenen Individualität fühlen. Der Wassermann-Nordmondknoten ist der Individualist im Tierkreis, weil er sich nicht mit anderen vergleicht und seiner persönlichen Individualität keinen höheren Wert beimisst. Er kann alles gelten lassen: Er ist so und Frau Meyer von nebenan ist eben anders. Erst an diesem Punkt beginnt Menschlichkeit und nur in dem Maße, wie der Löwe-Südmondknoten lernt Mensch unter Menschen zu sein, wird er auch Erfolg im Leben haben. Vorher wird er immer wieder Rückschläge erleben, denn solange er eigentlich erwartet, dass ihm der Erfolg vom Leben persönlich zu Füßen gelegt wird, bleibt sein Erfolg für den Löwe-Südmondknoten ein bloßer Traum. Die dafür tatsächlich notwendigen konkreten Schritte tut er dann nicht.

Alter, Krankheit und Sterblichkeit sind für ihn ein besonders schmerzliches Thema, denn wie kein anderer möchte er an seine eigene Unverwundbarkeit glauben. Sein vergänglicher Körper, der sich im Wesentlichen nicht von anderen unterscheidet, weist ihm damit den Weg hin zu Demut und Menschlichkeit.

Der Löwe-Südmondknoten hat meist Schwierigkeiten mit Beziehungen. Eigentlich meint er, die Unterstützung, Wärme und Liebe anderer nicht zu brauchen. Er will alles alleine machen und die Fäden in der Hand behalten. So verwickelt er sich schnell in Machtkämpfe und möchte nicht teilen. Jetzt lernt er mit anderen zu kooperieren. Er braucht das Feedback anderer Menschen, denn Objektivität lernt er erst mit dem Wassermann-Nordmondknoten.

Für den Löwe-Südmondknoten ist es Ausdruck seines Wachstums, wenn er es schafft, einen Freundeskreis zu haben und Teil einer Gruppe Gleichgesinnter zu sein. Er muss sich eingestehen, dass er sich nach Nähe sehnt. Beliebt sein will er zwar schon, doch ist er es solange nicht, wie er nur am Beifall anderer interessiert ist, nicht an ihnen selbst. Er arbeitet an seinem Image, weil er meint, er müsse noch toller sein, damit andere ihn mögen.

Dabei muss er nur seinen Fokus von sich fort zu ihnen hin verlagern: Fragen stellen, sich für ihre Gefühle, Gedanken und Bedürfnisse interessieren, ihnen zuhören und vor allem ihre Individualität anerkennen, verstehen und unterstützen.

Manchmal meint er zu helfen, indem er anderen seine eigenen Vorstellungen aufzudrängen sucht und ist gekränkt, wenn er auf Widerstand stößt. Seine Vorschläge werden jedoch immer dann abgelehnt, wenn er sein Gegenüber nicht verstanden hat: Ein Zeichen, genauer hinzuhören, um wirklich unterstützen zu können.

Für den Löwe-Südmondknoten ist es wichtig, dass Liebesbeziehungen sich langsam entwickeln. Er sollte immer wieder Abstand gewinnen und auch dem anderen Raum geben. Seine Liebe muss Zeit haben zu wachsen, ansonsten wird er sich von einer leidenschaftlichen Affäre in die nächste stürzen und die Liebe verpassen. Er ist sehr romantisch und will alles sofort. Daher verliebt er sich leicht, stilisiert seine/n Auserwählte/n zum Traumpartner hoch und kann es kaum begreifen, wenn der andere sich nicht gesehen fühlt und abwendet.

Der Löwe-Südmondknoten muss lernen, dass er nicht mehr Dreh- und Angelpunkt des Geschehens ist, sondern einer unter anderen im großen Spiel des Lebens. Sein Ego muss sich sozusagen gesundschrumpfen.

Erst die Hinbewegung zum Wassermann-Nordmondknoten schenkt ihm Dankbarkeit, Einfachheit und Bescheidenheit; Voraussetzungen dafür, dass all seine wunderbaren Qualitäten wahrhaftig zur Geltung kommen können.

In vieler Hinsicht trifft diese Beschreibung auch auf den Südmondknoten in enger Verbindung mit der Sonne und/oder auf den Nordmondknoten in enger Verbindung mit Uranus zu, selbst wenn die Mondknoten nicht in Löwe – Wassermann stehen.

Praktische Tipps für diesen Mondknoten auf Seite 118.

Jungfrau-Südmondknoten
Fische-Nordmondknoten

oder

Südmondknoten im 6. Haus
Nordmondknoten im 12. Haus

Der Jungfrau-Südmondknoten erlebt jede Situation, auch die banalste, so als ginge es um Leben und Tod. In seiner Besorgtheit versucht er ständig alles noch perfekter zu arrangieren, nur um das Schlimmste zu verhindern. Diese Haltung bringt er aus vergangenen Leben mit, in denen es tatsächlich um Leben und Tod ging – wie beispielsweise beim Arzt oder der Krankenschwester – meist mit religiösem Hintergrund.

Die Erfahrungen dieser Leben lassen ihn auch jetzt gerne einen medizinischen, therapeutischen oder sozialen Beruf ergreifen. Oft verfügt er über heilerische Fähigkeiten, er hat einen differenzierten Blick für die Funktionsweisen des menschlichen Körpers und ist meist sehr gesundheitsbewusst. Doch hat er durch all das Leid, das er gesehen hat, das Vertrauen ins Leben verloren. Er möchte alles kontrollieren und ist verzweifelt, weil es ihm nicht gelingt, das Leben abzusichern und in perfekte Bahnen zu zwängen. Die

Dinge sollen exakt nach seinem Plan funktionieren, denn sein scharfer Verstand sagt ihm genau, wie man eine perfekte Welt erschafft. Ihm ist dabei gar nicht bewusst, wie anmaßend seine Einstellung eigentlich ist.

Erst mit dem Fische-Nordmondknoten merkt er, dass das Leben viel größer ist als seine kleinen Pläne, die seinem kleinen Verstand entspringen.

Der spirituelle Meister Osho hat es einmal so gesagt: „Die Existenz ist unendlich intelligent“. Der größere Plan des größeren Universums ist zwangsläufig der bessere. Dies ist die Haltung, die der Südmondknoten Jungfrau braucht; sie schenkt ihm im Nu unendliche Entspannung.

Sein überaktiver Verstand kann endlich aufhören, alles durchschauen und regeln zu wollen, und die Bürde der vermeintlichen Verantwortung für die ganze Welt löst sich unmittelbar auf.

Sein altes Muster ist es, sich auf Probleme zu stürzen, ganz gleich, wo sie auftauchen, und er versucht anderen ständig zu helfen. Seine Hilfe ist aber durchaus nicht immer erwünscht und vieles muss gar nicht in Ordnung gebracht werden. Ein Problem bedeutet nicht (!), dass der Jungfrau-Südmondknoten persönlich aufgefordert ist, es zu lösen. Genau das glaubt er aber und übt dadurch eine beinahe magnetische Anziehungskraft auf problematische Situationen aus!

Vor lauter Analysieren und Suchen nach der perfekten Lösung verliert er überdies den Kontakt zu seiner Liebe und seinem Mitgefühl und damit zu dem, was seinem Wunsch zu helfen und zu verbessern eigentlich zu Grunde liegt. Er kann sich kaum vorstellen, dass seine liebevolle Präsenz genug ist und verhält sich – auch sich selbst gegenüber – wie eine besorgte Mutter, die ihr Kind ständig zu höheren Leistungen antreibt, statt ihm durch ihr Vertrauen in seine Fähigkeiten Mut zu machen.

Der Jungfrau-Südmondknoten kommt sich oft vor wie eine Art „Helfer-Maschine“ und leidet unendlich darunter.

Die Lösung, die ihm der Fische-Nordmondknoten anbietet, heißt: dem größeren Ganzen vertrauen – und dies ist tatsächlich die einzige Lösung, die funktioniert. Der Fische-Nordmondknoten lässt zu, dass sich die Dinge in ihrer eigenen Weise entwickeln, und vieles löst sich von allein. Dies ist zunächst eine unerhörte Vorstellung für den Jungfrau-Südmondknoten, sie kommt ihm ignorant und verantwortungslos vor, doch genau hier liegt sein Schlüssel.

Sein Horizont muss sich erweitern und er muss erkennen, dass er eingebunden ist in größere Zusammenhänge, die die Grenzen seines Verstandes ohnehin sprengen. Er braucht die Demut zuzugeben, dass er ab und zu nicht weiß, wie alles laufen soll, dass er hin und wieder keinen Weg sieht und wenn doch, dass dieser Weg durchaus nicht der Richtige zu sein braucht.

Ihn quält eine furchtbare Angst Fehler zu machen, weil er immer das Gefühl hat, alles hinge von ihm ab. Das ist aber nicht der Fall. Es gibt unendlich viele Faktoren, die Einfluss auf den Ausgang einer Situation haben und seine Aktionen haben meist wesentlich weniger Gewicht, als er meint. Tatsächlich genügt es, wenn er innerlich ein Lösungsbild entwirft und das Ganze dann dem Leben zur weiteren „Bearbeitung" überlässt! Seine Zuversicht, dass alles gut laufen wird, ist in diesem Leben viel mehr gefragt, als seine emsige Detailarbeit, um die Dinge ins rechte Gleis zu bringen.

Was ihm auf seinem Weg zum Fische-Nordmondknoten hilft, ist regelmäßiger Rückzug aus dem Getriebe des Alltags. Tatsächlich sollte er grundsätzlich nicht an einem Platz im Leben stehen, wo er viel organisieren muss. Das wirft ihn immer wieder in sein altes Verhaltensmuster zurück, womit er sich und oft auch anderen das Leben schwer macht. Dann rast er ständig hinter all den „unperfekten" Situationen und Menschen her – im vergeblichen Versuch ein perfektes Szenario herzustellen. Da er aber so fixiert darauf ist, dass die Dinge schief gehen könnten, tun sie das auch mit schöner Regelmäßigkeit und so findet er sich oft in den allerchaotischsten Situationen wieder – was ihn natürlich zur Verzweiflung treibt: Dann ist er in seinem eigenen Teufelskreis gefangen.

Der Jungfrau-Südmondknoten braucht Meditation, Stille und Alleinsein. Es fällt ihm oft sehr schwer sich Freiräume dafür zu schaffen, denn er ist der „Workoholic" per se, weil er seinen Wert über seine Funktionstüchtigkeit und Verfügbarkeit definiert.

Wenn er in diesem Leben jedoch nicht nach innen geht, dann ist es nur allzu wahrscheinlich, dass er Krankheiten entwickelt, die ihn letztlich zum Rückzug zwingen. Er muss herunterkommen von seiner angstgetriebenen Rastlosigkeit. Auch seine Umgebung wird erleichtert aufatmen, denn seine Haltung macht ihn rechthaberisch, verurteilend und starr: Jeder soll seinen festen Vorstellungen genügen, denn alles, was nicht in seinen Plan passt, versetzt ihn in Panik und er schlägt dann um sich. Gleichzeitig fühlt er sich schrecklich schuldig, weil er damit wiederum seinen hohen Idealen nicht genügt.

Für Liebesbeziehungen war in seinen vergangenen Leben kein Platz und Gefühle konnte der Jungfrau-Südmondknoten sich nicht leisten: Schließlich ging es um Sein oder Nicht-Sein! Ein unter solchen Vorzeichen gewählter Partner muss sich in ein strenges Reglement von Sachzwängen einpassen und ergreift lieber früher als später die Flucht.

Daher muss der Jungfrau-Südmondknoten in diesem Leben ganz neu lernen seine Gefühlsnatur willkommen zu

heißen und Nähe zuzulassen. Mit dem Fische-Nordmondknoten kommt die Entspannung und der Genuss des absichtslosen Miteinanders und damit die Grundlage für eine liebevolle, nährende Beziehung. Wenn der Jungfrau-Südmondknoten allerdings beginnt seine Gefühle zu fühlen ist er anfangs mit einem riesigen Berg von Ängsten konfrontiert und auch das kann einen Partner überfordern. Daher muss er auch innerhalb einer Beziehung immer wieder Abstand nehmen, sich zurückziehen und in sich den Punkt stiller Akzeptanz dessen finden, was ist.

Doch nur, wenn er in diesem Leben einem spirituellen Weg folgt, der ihm eine übergeordnete Perspektive verleiht, öffnet sich die Tür zu dem, was er am allermeisten braucht: Vertrauen. Dann kann er sich zurücklehnen und sich vom Fluss des Lebens tragen lassen.
Wohin?
(N)irgendwohin ….

In vieler Hinsicht trifft diese Beschreibung auch auf den Südmondknoten in enger Verbindung mit Chiron bzw. Merkur und/oder auf den Nordmondknoten in enger Verbindung mit Neptun zu, selbst wenn die Mondknoten nicht in Jungfrau – Fische stehen.

Praktische Tipps für diesen Mondknoten auf Seite 119.

DIE KRAFT IM ICH

Waage-Südmondknoten
Widder-Nordmondknoten

oder

Südmondknoten im 7. Haus
Nordmondknoten im 1. Haus

Für Harmonie tut der Waage-Südmondknoten beinahe alles. Wenn es nur dem lieben Frieden dient, wird er in jeder nur möglichen Situation mit Entgegenkommen und Freundlichkeit reagieren, er wird Probleme ignorieren, bis es absolut nicht mehr anders geht, und wird sich auch auf die allerfaulsten Kompromisse einlassen.

In früheren Leben hat er gelernt mit anderen Menschen in Freundschaft und Liebe zu leben, doch hat er darüber sein Ich aus den Augen verloren. Er gibt aufrichtig gerne, doch sein Ego ist schwach, er hat keine klare Identität und definiert sich oft über andere. Er kennt nur Spiegelbilder, nicht das eigene Selbst, denn in vergangenen Leben hat er sich immer wieder in seinem Gegenüber verloren.

Jetzt soll er mit dem Widder-Nordmondknoten sein Ich entdecken, seine eigenen Bedürfnisse wahrnehmen und selbst dafür sorgen, dass sie erfüllt werden. Der Waage-Südmondknoten muss lernen egoistisch zu sein, sich selbst in den Mittelpunkt seines Lebens zu stellen und durchzusetzen, was er will bzw. sich vehement gegen das zu stellen, was er nicht will. Besonders für spirituell orientierte Menschen scheint es zunächst absurd, sich zum Ego hinzubewegen, statt sich von ihm zu entfernen.

Doch genau das ist die Aufgabe dieser Mondknoten-Konstellation! Wenn der Waage-Südmondknoten sein Ego nicht kräftigt und kristallisiert, wird er niemals in der Lage sein es hinter sich zu lassen.

Erst einmal muss er beginnen, sein Augenmerk wegzuwenden von dem, was richtig oder falsch sein könnte, weg von den Meinungen anderer Menschen, weg von Regeln und Normen – und hin zu sich selbst. Das Einzige, was in diesem Leben zählt, ist sein ganz persönliches allererstes Bauchgefühl! Dazu muss er meist neu lernen, seinen inneren Impulsen überhaupt Beachtung zu schenken. Oftmals ist er so sehr daran gewöhnt, seine Fühler ständig nach außen auszustrecken, dass er gar nicht mehr in Kontakt mit seiner eigenen Gefühlslage ist. Therapeutische und Selbsterfahrungsprozesse sind deshalb für ihn besonders wertvoll.

Sobald er den Kontakt mit sich selbst aufgenommen hat, kann er darangehen sich seine eigene Welt zu erobern. Das verlangt viel Mut von ihm, denn die universelle Wahrheit, mit der er in diesem Leben konfrontiert wird, macht ihm Angst: Dass er – wie jeder andere Mensch auch – letztlich allein ist und dass niemand ihn vor dieser Realität bewahren kann.

Seine aus früheren Leben mitgebrachte Fähigkeit, die Bedürfnisse anderer über die eigenen zu stellen, macht ihn glauben, er habe das Rezept für ewigen Frieden und Harmonie gefunden. Das Südmondknoten-Muster gehört aber der Vergangenheit an und funktioniert jetzt nicht mehr. Zwar bemüht er sich weiterhin, stets nett, hilfsbereit und freundlich zu sein, doch regt sich in ihm schon der Widder-

Nordmondknoten, dem diese Friede-Freude-Eierkuchen-Tour furchtbar auf die Nerven geht. Und so gibt es immer wieder Entgleisungen, für die sich der Waage-Südmondknoten in Grund und Boden schämt.

Er versucht dann einfach so zu tun, als existierten seine Wut, seine Ungeduld, sein Egoismus und sein Widerspruchsgeist gar nicht und will sie in den Keller seines Unbewussten verbannen. Kurz: Er wird unnatürlich und unehrlich. Um seine Bedürfnisse zu erfüllen, die er natürlich genau so hat wie jeder andere Mensch auch, taktiert er herum, manipuliert und laviert sich durch. Solange er sich nicht traut direkt und klar für seine Interessen einzustehen, verliert er sich leicht in einem nebulösen Wischiwaschi, das andere Menschen eher verwirrt als erfreut.

Er muss sich aus seiner chronisch co-abhängigen Position lösen, seine rosa Brille abnehmen und seinen Kopf einschalten, der unabhängig und individuell entscheiden kann, was gerade am besten zu tun ist. Sein Herz allein hilft dem Waage-Südmondknoten nämlich selten weiter, weil das, was er für „Herz" hält, meist mehr aus Konfliktvermeidung und Unentschlossenheit besteht als aus Liebe.

Auch hat es überhaupt nichts mit Herzenswärme zu tun, wenn man anderen Menschen erlaubt, einen zu missbrauchen oder auszunutzen. Die Frage „Was erwartet er/sie/es von mir?" muss der Waage-Südmondknoten aus seinem Wortschatz streichen und kompromisslos durch „Was will ich?" ersetzen.

Entscheidungen fallen ihm unendlich schwer und er tendiert dazu, so lange andere zu ihren Ansichten zu befragen, bis er sich berechtigt fühlt, einem seiner nichts ahnenden Gesprächspartner die Verantwortung für seinen Beschluss zuzuschieben.

Für ihn ist es daher wichtig, sich zur Entscheidungsfindung in Klausur zu begeben bis ihm klar ist, was er selbst will. Aus Situationen, wo er sich unter Druck fühlt eine bestimmte Entscheidung zu fällen, muss er sich zurückziehen, um wieder in Kontakt mit seinem eigenen Willen zu treten. Denn jetzt ist er der Boss, er allein entscheidet über sein Leben!

Mit dem Widder-Nordmondknoten entsteht Mut, Willensstärke, Selbstständigkeit und ein Bewusstsein der eigenen Kraft. Der Widder-Nordmondknoten kümmert sich in erster Linie um sich selbst und hat nicht die Spur eines schlechten Gewissens dabei.

Wenn der Waage-Südmondknoten auf Widerspruch trifft, dann fällt er allzu leicht wieder um und gibt nach. Oder er öffnet sich noch mehr und verstärkt seine Freundlichkeit in der Hoffnung den anderen umzustimmen. Das funktioniert aber meist nicht, denn er soll ja lernen für das zu kämpfen, was er will und dabeizubleiben, auch wenn es anderen gegen den Strich geht.

In diesem Leben gehört er in eine Führungsposition, statt anderen zu Gefallen zu sein. Im Gegenteil, er muss sogar zulassen, dass andere seine Bedürfnisse erfüllen. Er darf Aufgaben delegieren. Dies wird ihn zunächst Überwindung kosten, doch bald schon wird er merken, dass andere Menschen es nicht nur hinnehmen, sondern sogar genießen.

In bestimmten Bereichen muss einer die Führung übernehmen und dcr Waage-Südmondknoten ist genau der Richtige dafür. Es geht außerdem für ihn viel mehr darum, Dinge ins Rollen zu bringen, als sie zu Ende zu führen. Auch das darf er anderen überlassen!

Ebenso soll er die Beziehung zu seinem Körper neu entwickeln. Er tendiert dazu, ihn als reines Schmuckstück zu betrachten, jede noch so winzige Unregelmäßigkeit ist für ihn eine Katastrophe. Er glaubt ernsthaft, dass Supermodels zu jeder Tages- und Nachtzeit so aussehen wie auf den Fotos und vor allem, dass jeder genauso perfekt aussehen müsse, wenn er denn etwas wert ist.

Er muss nun lernen, den Körper an sich als Meisterwerk der Natur wertzuschätzen, statt seine hochgestochenen Ideale mit dem Leben selbst zu verwechseln. Sport und Wettkampf werden ihn auch in dieser Hinsicht unterstützen.

Seine Yin-Qualitäten, also seine weiblichen Eigenschaften, sind hervorragend ausgebildet. Doch seine Persönlichkeit hat Schlagseite. Jetzt geht es um den Yang-Anteil. Seine männliche Seite braucht seine ganze Unterstützung und wird ihn im Gegenzug mit Lebendigkeit und Kraft versorgen, die er nun aus sich selbst schöpft.

In vieler Hinsicht trifft diese Beschreibung auch auf den Südmondknoten in enger Verbindung mit Venus und/oder auf den Nordmondknoten in enger Verbindung mit Mars zu, selbst wenn die Mondknoten nicht in Waage – Widder stehen.

Praktische Tipps für diesen Mondknoten auf Seite 120.

DIE ENTDECKUNG DER FREUDE

Skorpion-Südmondknoten
Stier-Nordmondknoten

oder

Südmondknoten im 8. Haus
Nordmondknoten im 2. Haus

Was der Skorpion-Südmondknoten in vergangenen Inkarnationen erlebt hat, hat es in sich! Hinter ihm liegt der Abgrund. Das zu verstehen – dass er nämlich tatsächlich hinter ihm liegt, ist Teil seiner Lebensaufgabe hier und jetzt.

Der Skorpion-Südmondknoten tritt mit einer Haltung tiefen Misstrauens und großer Angst in dieses Leben. Er meint, sich selbst und all seine inneren Regungen um jeden Preis verstecken zu müssen und verkompliziert dadurch oft Situationen, die eigentlich ganz einfach sind. Machtmissbrauch und Manipulation bestimmten seine früheren Leben und er meint, es gehe auch jetzt noch um Kampf.

Das Gefühl von Bedrohung und Anspannung, das er in dieses Leben mitbringt, wird in seiner Kindheit häufig untermauert; denn an jeder Ecke schien Gewalt oder Tod auf ihn selbst oder nahe Bezugspersonen zu lauern.

Deshalb sehnt sich der Südmondknoten-Skorpion in diesem Leben nach einer absolut zuverlässigen Beziehung, von der er sich Ruhe und Sicherheit erhofft. Da die Welt des Skorpion-Südmondknotens voller Gefahren zu sein scheint, gegen die er sich jedoch nicht wirklich zur Wehr setzen kann, fühlt er sich ständig in die Defensive gedrängt und hat eine quälende Wut im Bauch. Die Ängste zu erkennen, die

sich unter dieser Wut verbergen, ist der erste Schritt in eine friedlichere Welt.

Seiner Verschlossenheit liegt ein tiefes Schuldgefühl zu Grunde, denn auch, wenn er in vergangenen Leben oft großes Leid erfahren hat, ist er durchaus nicht immer unschuldiges Opfer gewesen. Er hat all jene Extreme durchlebt, die einfachere Naturen zurückschaudern lassen. Krisen und Dramen, Krankheit, Leid und Tod sind ihm nur allzu vertraut.

Er weiß um die Welt am Rande der Gesellschaft und kennt all das, was man unter Halbwelt versteht. Kriminalität, Drogen, Folter, schwarze Magie, Psychiatrie – die ganze Schattenseite des Lebens ist ihm bewusst, genauso wie die „dunklen" Gefühle von Hass, Panik, Neid, Eifersucht und Verzweiflung. Ein schweres, aber reiches Erbe, denn gerade dieses Wissen kann ihn zutiefst menschlich machen!

Sexualität, ebenfalls lange in die Verließe des menschlichen Unterbewussten verbannt, ist oft geradezu seine Spezialität. Doch in diesem Leben bringt sie ihm nicht mehr die erwartete Erleichterung. Vor allem muss er Machtthemen aus seinem Sexualleben verbannen.

Mit dem Stier-Nordmondknoten ist er in seinem Körper einfach zu Hause und genießt seine Sinne, ohne auf gewisse Kicks angewiesen zu sein, die mit dem Körper eigentlich nichts zu tun haben. Dann erlaubt er sich Beziehungen langsam aufzubauen, statt die Leidenschaft regieren zu lassen.

Der Skorpion-Südmondknoten sucht nach einer symbiotischen Verbindung und verstrickt sich in hochkomplizierte Abhängigkeiten. Dramatische Szenen oder subtil versteckte Machtspielchen, die den anderen sicher an der eigenen Seite halten sollen, sind ihm nicht fremd – ebenso wenig wie heimliche Racheakte, wenn seine Manöver nicht funktioniert haben. All dies resultiert aus seiner enormen Unsicherheit, die ständig Bestätigung von anderen sucht.

In seinem Weltbild sind die anderen groß und machtvoll, er dagegen abhängig und machtlos. Um an ihrer Größe wenigstens teilzuhaben, sucht er (meist ohne Erfolg) die Nähe der Großen der Gesellschaft oder hält Ausschau nach einem machtvollen Gönner.

Das Einzige, was ihn in diesem Leben jedoch befriedigen wird, ist seine Fixierung auf Macht und Ohnmacht loszulassen und sich dankbar dem zuzuwenden, was er hat und was er ist. Dadurch wird er auch weniger Neid auf andere verspüren. Der Stier-Nordmondknoten ist deshalb nicht neidisch, weil er deutlich spürt, was er ist und was er hat und sich daran hält.

In früheren Leben hat der Südmondknoten Skorpion anderen zugearbeitet, sie unterstützt, sie beraten, sie geliebt – besonders in sexueller Hinsicht. Er selbst als Person war dabei völlig unwichtig und er hatte unerkannt im Hintergrund zu bleiben. Die einzige Gegengabe, die er erhielt, war finanzielle Sicherheit.

Viele Skorpion-Südmondknoten warten nun jahrelang darauf, dass dies wieder geschieht. Es gehört nicht zu ihrem Verhaltens-Repertoire ihr eigenes Geld zu verdienen. Doch wird sich der erhoffte Geldgeber, der Millionengewinn oder die große Erbschaft nicht einstellen. Wie kein anderer sehnt er sich aber nach dem luxuriösen Leben, das ihm seine reichen Gönner ständig vorgelebt haben, und er neigt dazu, sich extrem zu verschulden. So profan es klingt: Ein gesunder Umgang mit Geld gehört hier und jetzt zu seiner Lebensaufgabe.

Der Skorpion-Südmondknoten will alles oder nichts, deswegen bringt er wenig Geduld mit. Die Vorstellung, dass man viele Dinge im Leben nach und nach aufbauen muss, kommt mit der Hinwendung zum Nordmondknoten -Stier. Der weiß, was er wert ist, und er verlässt sich in allem auf sich selbst. Er macht sich realistisch, pragmatisch und geduldig daran, Stabilität und Sicherheit aufzubauen. Er geht die Dinge unkompliziert und direkt an: Wenn kein Geld in der Kasse ist, kann man nichts ausgeben. Da er jedoch die schönen Dinge des Lebens schätzt, wird Geld herangeschafft – so einfach ist das!

Der Skorpion-Südmondknoten muss seinen eigenen Wert erkennen und seine eigenen Werte bestimmen, statt sich nach jemandem umzusehen, an dessen Wert er teilhaben und dessen Werte er übernehmen kann. Er muss jetzt seine eigenen Bedürfnisse spüren und sein Leben an dem ausrichten, was ihm etwas bedeutet, unabhängig davon, was andere von ihm erwarten könnten.

Seine Sensibilität für andere war in der Vergangenheit sein Überlebensmuster und so meint er immer noch, er habe nur unter ihrer „Schirmherrschaft" eine Daseinsberechtigung. Das unbewusste Schuldgefühl des Skorpion-Südmondknotens sagt ihm zudem, er verdiene kein gutes

Leben, wodurch er immer wieder eine abwärts gerichtete Spirale in Gang setzt. Er sabotiert sich selbst.

Doch so gut es ist, um die Abgründe der menschlichen Seele zu wissen, er muss nicht daran kleben bleiben. Was vergangen ist, ist vergangen. Jetzt führt sein Weg in die einfache, freudige Welt des Stier-Nordmondknotens.

Seine gesamten Energien müssen in eine positive, aufbauende, kreative Richtung gelenkt werden. Er braucht oft einige Zeit, bis er sich von seinem Hang zum Morbiden verabschieden kann – immerhin kennt er sich dort aus. Einfach davon auszugehen, dass er wertvoll ist, so wie er ist und das Leben in Dankbarkeit und Frieden zu genießen, erscheint ihm dann flach und banal.

Doch wird er sich weitaus besser in seinem Leben fühlen, wenn er sich selbst und anderen verzeiht und sich auf dieser schönen Erde ein einfaches und gutes Leben gönnt. Mit dem Stier-Nordmondknoten erlaubt er sich, er selbst zu sein und kann dadurch offen, ehrlich und unschuldig durchs Leben gehen.

Er fühlt sich in sich selbst rund und ganz, und er weiß, dass seine eigene Kraft ausreicht, um auf dieser Welt zu bestehen. Er lebt nach seinen Werten und kann dadurch auch sich selbst zutiefst wertschätzen.

In vieler Hinsicht trifft diese Beschreibung auch auf den Südmondknoten in enger Verbindung mit Pluto und/oder auf den Nordmondknoten in enger Verbindung mit Venus zu – letzteres allerdings in geringerem Maße –, selbst wenn die Mondknoten nicht in Skorpion – Stier stehen.

Praktische Tipps für diesen Mondknoten auf Seite 121.

Schütze-Südmondknoten
Zwillinge-Nordmondknoten

oder

Südmondknoten im 9. Haus
Nordmondknoten im 3. Haus

Der Schütze-Südmondknoten ist der spirituelle Sucher per se. Er hat in vergangenen Leben mit allen Fasern seines Seins die Erleuchtung, die Erlösung oder die Wahrheit gesucht. Religion und Philosophie waren seine Welt und er ist zutiefst davon überzeugt, dass es nur eine einzige Wahrheit gibt – nämlich die seine.

In früheren Leben sind die Menschen zu ihm gekommen, um sich belehren und durch spirituelle Unterweisung helfen zu lassen. Daher meint der Schütze-Südmondknoten auch jetzt noch, andere müssten ihm dankbar sein, wenn er seine Wahrheit mit ihnen teilt – und ist bass erstaunt, wenn das nicht passiert. Das größte Hindernis für sein Wachstum ist Arroganz und Selbstgerechtigkeit, was ihn geistig starr und unflexibel macht. Dass er seine Meinung ändern kann, ist für ihn eine neue, ungeheuer befreiende Erkenntnis.

Sein größtes Leid wird dadurch hervorgerufen, dass er meint, immer auf alles eine Antwort haben zu müssen.

Dadurch verschließt er sich. Andere bekommen den Eindruck ihm nichts geben zu können, denn er weiß immer schon alles selbst und jegliches Feedback prallt an ihm ab. Er tendiert auch dazu, sich und anderen nur das zu zeigen, was sich spirituell auch begründen lässt.

Selbst wenn er zu seinen Schattenseiten steht – was eher selten der Fall ist –, hat er mit Sicherheit eine unanfechtbare spirituelle Begründung für sie.

Mit einem Wort, er lässt einfach keine Brüche zu. So ist er oft geradezu zwanghaft optimistisch, denn Ängste, Zweifel oder Zögern darf es nicht geben, sie werden wegrationalisiert. Doch dann ist das, was wie Optimismus aussieht, nichts als weltfremde oder schwärmerische Hoffnung. In jeder Hinsicht gilt es für ihn, die Vielfalt und Widersprüchlichkeit des Lebens anzuerkennen – in anderen Menschen und in sich selbst. Dass es viele richtige Antworten und viele Wahrheiten gibt, ist für ihn zunächst einmal neu.

Während der Schütze-Südmondknoten sagt: Ich weiß, schaut der Zwillinge-Nordmondknoten neugierig umher und sagt: Ich will wissen! In diesem Leben soll der Schütze-Südmondknoten von anderen lernen. Er beginnt sie als Mitmenschen und Freunde zu erkennen, die auch ihm etwas zu geben haben. Dazu muss er lernen, wie man kommuniziert. In früheren Leben hat er sich nicht unterhalten – er hat gepredigt, er hat nicht diskutiert – er hat Anweisungen gegeben. Natürlich immer zum Besten seiner Schüler, doch diese Haltung kann ihn für seine Mitmenschen hier und heute recht schwierig machen. Es bestand einfach keine Notwendigkeit für ihn, zuzuhören – außer wenn er jemandem gegenüberstand, den er als noch weiser betrachtet hat als sich selbst. Spirituelle Größen kann er auch jetzt noch ohne Wenn und Aber vergöttern, denn er erkennt weder sich selbst noch andere als das, was sie sind: Mitmenschen, die voneinander lernen können. Er muss jetzt all die Nuancen erkennen und anwenden lernen, die Kommunikation zwischen Menschen so angenehm und fruchtbar machen kann. Niemand beherrscht die hohe Schule der Diplomatie so unvollkommen wie ein Schütze-Südmondknoten!

Er wägt seine Worte nicht ab und verletzt andere oft, ohne es zu merken. In diesem Leben muss er beginnen Worte zu finden, die sein jeweiliges Gegenüber tatsächlich erreichen. Dazu gehört auch, auf den richtigen Zeitpunkt zu warten. Auf jeden Fall kann er nicht mehr alles, was ihm in den Kopf kommt, ungefiltert auf die Menschheit loslassen, nur weil er gerade davon ausgeht, dass es sich um die Wahrheit handelt.

Ganz generell ist er oft auf dem Holzweg, wenn er spontan aus dem Bauch heraus etwas tut. Für ihn ist es viel besser, zunächst einmal die Situation zu analysieren, darauf aufbauend die nötigen Informationen einzuholen und erst dann folgerichtig zu handeln.

Mit dem Zwillinge-Nordmondknoten beginnt er sich für andere und deren Andersartigkeit zu interessieren. Tatsächlich ist es für seinen Lebensweg ungeheuer wichtig, sich mit so vielen und so unterschiedlichen Leuten zu verbinden wie möglich – nicht um sie zu belehren, sondern um sie kennen zu lernen. Er sollte mitten im Leben stehen, vielleicht in einer Großstadt leben und viele Gespräche führen. So wird er lernen, wie erfolgreiche Kommunikation funktioniert und wie man sich in der ganz normalen Welt bewegt. Das weiß er nämlich nicht.

Es ist gut, wenn er andere darüber befragt – und ihrer Antwort zuhört. Auf keinen Fall darf er sich in einen wie auch immer gearteten Elfenbeinturm zurückziehen! Seine Aufgabe in diesem Leben ist es, seinen Platz in der Gesellschaft zu finden und sich damit auszusöhnen, ein normaler Sterblicher zu sein.

In früheren Leben konnte der Schütze-Südmondknoten davon ausgehen, dass seine absolute Wahrheit für alle Menschen Priorität habe, und so hielt er ihre persönlichen Bedürfnisse für irrelevant. Er selbst war frei und Freiheit ist ihm immer noch ungeheuer wichtig: Er reagiert ausgesprochen allergisch, wenn er sich eingeschränkt fühlt. Daher übernimmt er auch nicht gerne Verantwortung und verabscheut das Leben innerhalb der Gesellschaft.

Erst mit dem Zwillinge-Nordmondknoten verlässt er innerlich seine Klause im Wald und beginnt sich mit den Regeln der „zivilisierten Welt" vertraut zu machen, die im Wesentlichen auf ausgewogenem Geben und Nehmen beruhen. Er erkennt die unterschiedlichen Bedürfnisse der Menschen an, statt sie einer einzigen, von ihm postulierten Wahrheit unterwerfen zu wollen.

Sein wilder Freiheitsdrang ist einer der Gründe, warum er sich schwer tut, verbindliche Beziehungen einzugehen. Besonders vor einer Liebesbeziehung hat der Schütze-Südmondknoten Angst. Zum einen strengt ihn Kooperation an, er ist sie nicht gewöhnt. Außerdem macht er sich nicht gerne „gemein" mit anderen und in einer Beziehung wird er von seinem spirituellen Ross herabsteigen müssen. Und schließlich hat er auch Angst in einer Beziehung die Verbindung mit seiner Wahrheit zu verlieren. In der Einsamkeit wird er jedoch keine Erfüllung finden, denn in diesem Leben wächst er durch Begegnung mit Menschen und nicht durch Meditation in einer einsamen Höhle im Himalaya. In seinem Körper fühlt sich der Schütze-Südmondknoten sehr zu Hause und seine Einstellung zur Sexualität ist natürlich.

Dennoch wird sie häufig von einer gewissen Ambivalenz begleitet. Oft quält ihn nämlich der Anspruch, dem Sex entsagen zu sollen. Andererseits hat er auch ein großes Nachholbedürfnis.

Für ihn gilt es jetzt, die goldene Mitte zu finden: Sex weder auszuschließen noch besessen davon zu sein. Der Zwillinge-Nordmondknoten verlangt, dass er seinen Partner erst einmal kennen lernt, bevor er eine sexuelle Beziehung beginnt, denn dem Zwillinge-Nordmondknoten geht es in erster Linie um geistigen Austausch.

Je mehr sich der Schütze-Südmondknoten dem Zwillinge-Nordmondknoten annähert, desto spielerischer wird er sein. In diesem Leben muss er keine hieb- und stichfesten spirituellen Rechtfertigungen haben, ja, er darf und soll die spirituelle Suche selbst als Spiel betrachten!

Und wenn er ganz genau hinschaut, dann wird er merken, dass sein Innerstes in seiner Stille und Freiheit vom Spiel des Lebens vollkommen unberührt bleibt – und genau das wird ihm noch mehr Leichtigkeit, noch mehr Verspieltheit und noch mehr Entspannung schenken!

In vieler Hinsicht trifft diese Beschreibung auch auf den Südmondknoten in enger Verbindung mit Jupiter und/oder auf den Nordmondknoten in enger Verbindung mit Merkur zu – letzteres allerdings in geringerem Maße –, selbst wenn die Mondknoten nicht in Schütze – Zwillinge stehen.

Praktische Tipps für diesen Mondknoten auf Seite 122.

DER SANFTE WEG INS BLÜHENDE TAL

Steinbock-Südmondknoten
Krebs-Nordmondknoten

oder

Südmondknoten im 10. Haus
Nordmondknoten im 4. Haus

Der Südmondknoten Steinbock ist der geborene Erfolgsmensch. Er geht davon aus, dass er erfolgreich sein wird, setzt seine ganze Energie ein und erreicht seine Ziele. Er ist zuverlässig, selbstsicher, ehrlich, engagiert und lässt sich kein X für ein U vormachen. Um seine Karriere ist es allerdings meist besser bestellt als um sein Privatleben. Das liegt daran, dass er Gefühlen und Bedürfnissen – sowohl seinen eigenen als auch denen seiner Mitmenschen – keine oder nur genervte Beachtung schenkt. Auf seinem Weg zum Erfolg erlebt er Gefühle hauptsächlich als Störfaktor, den man unter Kontrolle halten muss.

In vergangenen Leben hat er gelernt, wie man Erfolg hat – nämlich durch hundertprozentigen Einsatz, einhergehend mit Selbstverleugnung und Pflichterfüllung, ob im weltlichen Bereich oder innerhalb religiöser Ordnungen. Damals galt es, das Menschliche in sich und in anderen zu unterdrücken, Schwächen auszumerzen und Gefühle und persönliche Bedürfnisse zu ignorieren.

Dieses Erfolgsrezept wird er auch in diesem Leben anwenden und es wird bis zu einem gewissen Grade funktionieren. Wenn er „es schafft“, hebt er allerdings leicht ab: Er wird rücksichtslos und egozentrisch; außer Ergebnis und Leistung zählt für ihn gar nichts mehr. Dann kann er fast

sicher sein, dass Hochmut vor dem Fall kommt und er sich schon bald ganz unten wiederfinden wird.

Oft trägt der Steinbock-Südmondknoten schon in der Kindheit viel Verantwortung und ist eher für seine Eltern da als sie für ihn. Dazu ist er leider bestens geeignet. Er lernt früh, dass Gefühle und Bedürfnisse ein Luxus sind, den er sich nicht erlauben kann, weil er mit ihnen funktionsunfähig ist. Also setzt er sich über sie hinweg und verliert dadurch seine Sensibilität. Er verhärtet sich und richtet sich ohne Feingefühl und Mitempfinden allein auf seine ehrgeizigen Ziele aus.

Sein unbewusster Glaubenssatz könnte lauten: Wenn ich schon kein sanftes, liebevolles Leben haben kann, dann werde ich wenigstens dafür sorgen, dass ich respektiert werde.

Seine Sehnsucht nach Geborgenheit nimmt der Steinbock-Südmondknoten erst wahr, wenn er sich auf einen Weg hin zu mehr Bewusstheit und Ganzheit macht. Im Zuge dessen wird er seine Selbstgerechtigkeit und seine Fixierung auf Titel, Namen und Prestige hinter sich lassen. Auch sein übersteigerter Ehrgeiz wird nachlassen, wenn er begreift, dass es im Leben Wichtigeres gibt als die oberste Sprosse der Karriereleiter. Insofern ist es bei dieser Mondknoten-Konstellation durchaus ein gutes Zeichen, wenn der Erfolg ausbleibt. Wenn der Steinbock-Südmondknoten versteht, dass er damit aufgefordert wird seine Identität neu zu definieren, öffnen sich ihm dank seiner ungeheuren Disziplin und Entschlossenheit neue Türen zu neuem Erfolg.

Solange er allerdings persönliche Werte und Bedürfnisse nicht anerkennt, seine eigene Sehnsucht nach Geborgenheit und Wärme ignoriert und nicht bereit ist, genügend Raum für ein erfülltes Privatleben zu schaffen, solange bleibt selbst bei höchsten Ehren ein schales Gefühl in ihm zurück.

In vergangenen Leben war der Steinbock-Südmondknoten immer ganz oben in verantwortungsvoller Position, wo nur die Rolle zählte, die er einnahm, nicht er selbst. In diesem Leben kann er durchaus wieder eine herausragende Rolle einnehmen, denn verdient hat er sie; doch nicht mehr auf Kosten seiner Gefühle, sondern mit ihnen und letztlich sogar durch sie. Dazu gehört auch, dass er anfängt seine Mitarbeiter als Mitmenschen zu sehen, nicht als Marionetten, die seine Konzepte zu erfüllen haben. Er muss sich in sie einfühlen, ihnen Anerkennung schenken und unter Beachtung ihrer Bedürfnisse Lösungen finden. Das kann er natürlich nur, wenn er seine eigene Menschlichkeit erkannt hat und wertschätzt.

Arroganz und unsensibles Verhalten werden sich mit dem Krebs-Nordmondknoten in menschliche Wärme und Rücksichtnahme verwandeln. Möglicherweise gilt es für ihn beruflich neue Wege zu gehen oder sogar neue Betätigungsfelder zu finden. Die Gepflogenheiten in der freien Wirtschaft zum Beispiel könnten die Profilneurose des Steinbock-Südmondknotens immer wieder aufleben lassen. In diesem Leben soll und darf er den steinigen Pfad in einsame Höhen verlassen. Sein Prestigedenken und seinen Stolz muss er dafür allerdings zuallererst an den Nagel hängen!

Sein Erfolg ist nur dann sicher, wenn er mit oder für Menschen arbeitet – mit Kindern, im Personalbereich, sozial oder auch künstlerisch tätig ist. In jedem Beruf, der ihm ermöglicht andere zu unterstützen und zu nähren, findet er Erfüllung – auch als Hausfrau oder Hausmann –, nicht aber in einer Rolle, die auf Kosten seiner (Mit)Menschlichkeit, vorrangig an seiner enormen Geschäftstüchtigkeit ausgerichtet ist.

Beim Südmondknoten-Steinbock werden Privatleben und Beruf strikt getrennt, wobei sich das Private dem Beruflichen bedingungslos unterzuordnen hat. Wenn es Probleme gibt, wird er alles in Bewegung setzen, um sie in den Griff zu bekommen, und fühlt sich anderen darin haushoch überlegen. Der emotionalen Basis einer Beziehung vertraut er allerdings in keinster Weise.

Seine Haltung bewirkt, dass andere zwar seinen Rat oder seine praktische Unterstützung suchen, nicht aber seine Nähe – die ohne Entwicklung seiner Rezeptivität ja auch gar nicht entstehen kann.

In engeren Beziehungen hört er nicht richtig zu und reagiert auf Probleme gerne mit Patentrezepten – wobei er den Gefühlsbereich praktischerweise einfach ausklammert und alles auf rationaler Ebene abhandelt, wo er sich sicher fühlt. In Konfliktsituationen tut der Steinbock-Südmondknoten oft alles, nur damit der andere Ruhe gibt – und provoziert dadurch genau die Gefühlsausbrüche, vor denen ihm so graust. Dann verurteilt er sich – heimlich, weil er nicht weiß, wie er damit umgehen soll, und den anderen – offen, weil der sich eine derartige „Schwäche" gestattet. Generell versucht er die Gemeinsamkeit so schnell wie möglich in eine kontrollierbare Form zu bringen. Um eine Verbindung unter Kontrolle zu behalten, verleugnet er sogar seine eigenen Bedürfnisse – etwas, was er ja ohnehin gut kann.

Mit dem Krebs-Nordmondknoten lernt er dagegen zu seinen eigenen Grenzen zu stehen, indem er seine Bedürfnisse anmeldet. Durch die Hinwendung zum Krebs-Nordmondknoten erlaubt er sich verletzbar zu sein und sich gefühlsmäßig berühren zu lassen. Er traut sich Angst, Enttäuschung oder Traurigkeit zu fühlen und zu zeigen und

lässt auch seine Unsicherheiten zu. Statt gefühlsmäßigem Austausch möglichst aus dem Weg zu gehen, fängt er an das Gespräch zu suchen. Er freundet sich mit seiner weichen, weiblichen und kindlichen Seite an, beginnt „Ich brauche" zu sagen und Wärme, Vertrauen und Nähe über Leistung und Status zu stellen.

Seine feste Überzeugung: „Das Leben ist hart – und wenn nicht, dann muss man dafür sorgen!", die ihn antreibt, immer höheren Zielen zuzustreben, hat ausgedient. Jetzt geht es darum, sich umzuschauen und zu erkennen, dass das Leben dafür da ist, es mit anderen Menschen zusammen zu erleben, und dass er dafür nichts anderes zu sein braucht, als was er ohnehin bereits ist: ein Mensch.

In vieler Hinsicht trifft diese Beschreibung auch auf den Südmondknoten in enger Verbindung mit Saturn und/oder auf den Nordmondknoten in enger Verbindung mit dem Mond zu, selbst wenn die Mondknoten nicht in Steinbock – Krebs stehen.

Praktische Tipps für diesen Mondknoten auf Seite 123.

DAS FEUER DES HERZENS

Wassermann-Südmondknoten
Löwe-Nordmondknoten

oder

Südmondknoten im 11. Haus
Nordmondknoten im 5. Haus

Der Wassermann Südmondknoten fühlt sich überall als Fremder und sucht seine „eigenen Leute“, mit denen und für die er sich engagieren will. Da nicht er selbst im Zentrum seiner Welt steht, sondern etwas Größeres, in das er sich einordnet, ist er immer auf der Suche nach diesem größeren Zusammenhang.

In vergangenen Leben gehörte er zum Typus des Wissenschaftlers, der vor allem seine geistigen Gaben entwickelt und sie der Welt zur Verfügung gestellt hat. Dabei hat er meist für eine Gruppierung gearbeitet, die ihm ideologisch nahe stand; vielleicht war es auch die ganze Menschheit, der er sich verpflichtet fühlte.

Alles Persönliche ordnet er automatisch einer größeren Idee oder Ideologie unter. Er nimmt sich also selbst nicht so wichtig. Doch frei ist er nicht, denn sich mit nichts und niemandem zu identifizieren – auch nicht mit sich selbst – ist jetzt zu seiner Identität geworden. Sein Motto ist: Nur nicht eingreifen! Sein Lebensausdruck ist damit auf reines

Beobachten, Registrieren, Analysieren und Kombinieren reduziert. Der Wassermann-Südmondknoten wird damit so unpersönlich, dass er seine Menschlichkeit verliert.

In der Welt der Ideen und Fantasien, der Theorien und des Wissens bewegt er sich mit traumwandlerischer Sicherheit und oft atemberaubender Geschwindigkeit. Die Cyberwelt ist wie gemacht für ihn. Er ist im Denken zu

Hause, dabei meist sehr klar, und versteht das Aufhebens nicht, das um den viel gepriesenen Abstand zu den Gefühlen gemacht wird. Seine Schwierigkeit liegt eher darin, seinen Gefühlen überhaupt Beachtung zu schenken. Dagegen ist er Meister im Beobachten und Distanz ist seine zweite Natur.

Alles, was nicht zur geistigen Welt gehört, nimmt er nur am Rande wahr – auch seinen eigenen Körper. John Nash in dem Film „A Beautiful Mind" ist eine hervorragende Illustration des Wassermann-Südmondknotens. Dieser Film zeigt den Extremfall – was passieren kann, wenn der Kopf einziger Referenzpunkt des eigenen Lebens ist.

Statt Dinge mit Kraft in Angriff zu nehmen, verbleibt der Wassermann-Südmondknoten oft in einer abwartenden Haltung und feilt seine Gedankengebäude immer weiter aus. Selbst wenn er weiß, was zu tun wäre, ist es, als würde er auf Anweisungen warten. Falls von außen kein Anstoß kommt, streicht er die Segel. Er fühlt sich nicht etwa zu schwach, um sich zu behaupten, vielmehr geht er davon aus, dass Kraft etwas ist, das von außen (aus dem größeren Zusammenhang) kommen muss. Für die praktische Umsetzung seiner Ideen war er in vergangenen Inkarnationen ohnehin nicht zuständig und so verlaufen viele seiner Projekte im Sande. Mit dem Löwe-Nordmondknoten dagegen steht er im Zentrum seiner eigenen Schaffenskraft und lenkt diese nach außen, um sein Leben kreativ zu gestalten.

Der Wassermann-Südmondknoten soll jetzt in seine Eigenständigkeit kommen. Er wird so lange Einzelkämpfer bleiben, bis er aus sich selbst heraus seine Kraft entwickelt hat. Erst dann werden sich Menschen um ihn herum gruppieren. Doch darf er nicht den Fehler begehen, sich in seine vertraute „Wir sind alle gleich"-Rolle zurückzuziehen! Für ihn ist nämlich die Hauptrolle vorgesehen. Er neigt dazu, seinen Erfolg zu sabotieren, weil er es nicht aushält, eigenverantwortlich im Mittelpunkt zu stehen.

Da er in erster Linie auf seinen Kopf bezogen ist, entgehen ihm seine Gefühle und Bedürfnisse. Dadurch kann er sich über seine Wünsche hinwegmogeln, selbst im Rampenlicht zu stehen und bejubelt zu werden. Doch ist es genau diese Sehnsucht, selbst wichtig zu sein und eine Führungsrolle zu übernehmen, die ihm den Weg bahnt in die lebensvolle Welt des Löwe-Nordmondknotens.

Der Wassermann-Südmondknoten begegnet gefühlsmäßigem Engagement mit Skepsis, doch jetzt soll sich seine zwanghafte Objektivität in lebendige Subjektivität verwandeln. Er braucht etwas in seinem Leben, das ihn wirklich „kriegt", das sein Herz berührt und für das er durchs Feuer gehen würde. Dazu muss er seine unangreifbare Position verlassen und heraustreten, indem er für das, was er persönlich will, Verantwortung übernimmt. Sobald er in der äußeren Welt sichtbar wird, kann er mit dem Löwe-Nordmondknoten seine Pläne konkretisieren, Disziplin entwickeln und die Dinge in die Hand nehmen: nicht mehr Beobachter des Lebensspiels sein, sondern aktiv mitmachen! Jetzt darf und soll er sich einmischen!

Der Wassermann-Südmondknoten kann sich nicht richtig freuen, geschweige denn begeistern und weil er sich nicht gern festlegt, bleibt er an der Oberfläche des Lebens hängen. Er will sich nicht berühren lassen und isoliert sich durch seine Gleichgültigkeit selbst. Tatsächlich ist er meist zutiefst einsam, nimmt seine Einsamkeitsgefühle allerdings selten so ernst, dass er konkret etwas dagegen tut. Wenn seine Beziehungen nicht funktionieren, dann liegt das meist daran, dass er zu wenig Energie in sie investiert. Wie in anderen Bereichen fehlt ihm auch hier das Engagement.

Er muss beginnen, sich tiefer einzulassen und den anderen wirklich zu „meinen". Er nimmt Menschen generell eher als Manifestationen des großen Ganzen wahr. Dies entspricht zwar der Realität, doch Menschen brauchen es, auch in ihrer individuellen Ausdrucksform gesehen und geschätzt zu werden. Ansonsten ist eine persönliche Beziehung nicht möglich.

Nicht jeder Mensch muss sich zwangsläufig gefühlsmäßig engagieren, doch beim Südmondknoten Wassermann stehen persönliche Beziehungen nun einmal auf dem Lehrplan für sein Leben.

Da er in vergangenen Leben zu den Mitgliedern seiner Gruppe keine persönliche Beziehung hatte, hat er nicht viel Übung. Zunächst einmal muss er seinen Kopf bei der Partnerwahl ausschalten, denn der ist da einfach nicht kompetent. Auch reicht es jetzt nicht mehr, Informationen auszutauschen. Die Energie muss fließen! Wenn er nicht lernt die energetische Ebene im menschlichen Miteinander zu beachten, werden seine Beziehungen niemals die satte Fülle haben, die mit dem Löwe-Nordmondknoten möglich ist.

Beziehungsfähigkeit heißt auch Konfliktfähigkeit. Auseinandersetzungen bedeuten jedoch häufig Emotionen und die sind für den Wassermann-Südmondknoten ein rotes Tuch. Jetzt lernt er Probleme ins Reine zu bringen, statt den Kopf in den Sand zu stecken und zu hoffen, dass sich das Ganze von alleine löst. Eine gelungene Beziehung verlangt, dass man sich darüber austauscht, was jeder möchte oder braucht. Der Wassermann-Südmondknoten erkennt nun,

dass dies kein Versuch ist zu manipulieren, sondern ein Weg sich zu öffnen und einander kennen zu lernen.

Der Wassermann-Südmondknoten sollte Kinder haben und wenn nicht, dann sollten Kinder in seinem Leben eine Rolle spielen. Instinktiv spürt er meist selbst, dass sie ihm etwas Wichtiges vorleben. Im Kontakt mit Kindern hat er die beste Chance zu erkennen, dass in ihm wie in jedem Menschen ein kleines Kind steckt, das die Wärme persönlicher Zuwendung braucht, das Spaß haben und sein Dasein feiern will. Sobald er dieses Kind in sich selbst entdeckt und beginnt mit ihm zusammen seine Träume zu verwirklichen, ist er auf dem besten Wege hin zu der spontanen direkten Lebensfreude, die der Löwe-Nordmondknoten für ihn bereithält.

In vieler Hinsicht trifft diese Beschreibung auch auf den Südmondknoten in enger Verbindung mit Uranus und/oder auf den Nordmondknoten in enger Verbindung mit der Sonne zu, selbst wenn die Mondknoten nicht in Wassermann – Löwe stehen.

Praktische Tipps für diesen Mondknoten auf Seite 124.

ANKOMMEN

Fische - Südmondknoten
Jungfrau -Nordmondknoten

oder

Südmondknoten im 12. Haus
Nordmondknoten im 6. Haus

Der Fische-Südmondknoten fühlt sich auf dieser Erde wie auf einem fremden Planeten. Die Eindeutigkeit und Begrenztheit der materiellen Welt erschreckt ihn, denn er bewegt sich innerlich in einem Meer unbegrenzter Möglichkeiten und er findet es schrecklich, ständig an irgendwelche Mauern zu stoßen.

Sein Mittel, dieser schmerzhaften Situation zu entgehen, ist Flucht: Er träumt sich durch sein Leben, zieht sich in die Einsamkeit zurück oder sucht sein Heil in der großen Liebe. Extreme Ausdrucksformen sind die Flucht in Drogen, in Lüge und Betrug, in Verwirrung oder in Krankheit.

Der Fische-Südmondknoten ist zutiefst menschlich, vorurteilsfrei, unglaublich sensibel und liebevoll. Er ist davon überzeugt, dass er nicht in eine Welt gehört, die sein inneres Erleben so wenig spiegelt wie diese. Tatsache ist nur: Er ist da. Und das bedeutet, dass er hier noch etwas zu erledigen hat. Er ist noch nicht angekommen, zum Aussteigen ist es zu früh. In vergangenen Leben hat er sich der Auslöschung seines persönlichen Egos verschrieben. Er hat versucht, sein persönliches Ich etwas Größerem zu opfern oder hinzugeben.

Vielleicht war er auf einem religiös-spirituellen Weg oder trunken vor Liebe, vielleicht ein hingebungsvoller Künstler, ein schwärmerischer Idealist, ein entrücktes Medium oder verloren in irgendeiner anderen Droge.

Seine Fähigkeit, sich innerlich leer zu machen und zum Kanal für etwas Größeres zu werden, versetzte ihn in paradiesische Zustände und er wurde süchtig nach dem Gefühl der Hingabe und des Verschmelzens.

Dass die wunderbare Erfahrung des Einsseins mit etwas Größerem etwas Vergängliches ist, dass sie nicht das Einssein selbst ist, sondern ein bloßes Spiegelbild davon, hat er dabei übersehen. Seine Erfahrungen von Glückseligkeit haben den Fische-Südmondknoten glauben gemacht, er müsse nur versuchen immer leerer zu werden, dann würden sich die Spiegelbilder irgendwann zum bleibenden Zustand des Einsseins verdichten. Und so begann er seine eigene Abwesenheit zu kultivieren.

Doch egal wie viele und wie schöne Spiegelbilder er durch den Zustand der inneren Leere erfuhr, die Realität konnte nicht daraus werden, denn die Realität ist ja der, der in den Spiegel schaut: Er selbst! Und sich selbst hatte er in seiner Sucht nach immer wonnevolleren Zuständen aus den Augen verloren. So ist er nicht im Nirvana gelandet, sondern in einer neuen Inkarnation, nämlich in dieser. Er wurde quasi vom siebten Himmel auf die Erde zurückbeordert, weil sein Himmel eine Illusion war.

Der Fische-Südmondknoten hat in diesem Leben die Aufgabe, sich selbst zu finden, und dazu braucht er eine stabile Basis. Dann zieht ihm die Erkenntnis, dass das, was er zu sein meint, eine Illusion ist, nicht den Boden unter den Füßen weg. Und mit der Entdeckung seiner eigentlichen Natur stellt er fest, dass er sich gar nicht darum bemühen muss leer und eins mit dem Ganzen zu sein – weil er es bereits ist. Er darf sich ganz dem schlichten So-Sein hingeben.

In der Kindheit der Fische-Südmondknoten gibt es oft ein Geheimnis, das alles mit einem Schleier der Unklarheit oder der Lüge überzieht, und er lernt früh harten Fakten und direkten Auseinandersetzungen aus dem Weg zu gehen. Lieber kapituliert er vor seinen Gefühlen der Verlorenheit, Hilflosigkeit und Verwirrung, als dass er sich seiner Wahrnehmungen vergewissert. Bei unangenehmen Situationen weicht er aus in seine Traumwelt und verliert sich in seinen unerreichbaren Idealen. Sein Alltag mag derweil im Chaos versinken.

In seiner Durchlässigkeit erscheint dem Fische-Südmondknoten das Leben entsetzlich hart. Er muss erst einmal Substanz aufbauen und ganz neu lernen, mit den auf dieser Erde herrschenden Gegebenheiten zurechtzukommen, mit Zeit und Raum, mit der Materie an sich, mit Strukturen und Grenzen.

Zu viel Beschäftigung mit seinen Gefühlen und zu viel Glauben an seine Träume und Wunschvorstellungen führt ihn geradewegs ins Chaos oder in die Depression. Seinen Sehnsüchten und seinem Innenleben viel Beachtung zu schenken, schwächt ihn. Stattdessen muss er seine Energie nach außen richten und sein Leben auf eine reale Basis stellen: Aussortieren, ordnen und neu organisieren!

Wenn etwas nicht klappt, tendiert der-Fische Südmondknoten dazu, zusammenzubrechen und in Selbstmitleid zu vergehen. Im Grunde wartet er auf jemanden, der ihn rettet. Stattdessen gilt es jetzt, sein „Ich kann nicht“ oder „Ich weiß nicht" zu ignorieren und in der Praxis zu testen, was funktioniert. Nur indem er am Leben teilnimmt, baut er Selbstvertrauen und Stärke auf.

Der Fische-Südmondknoten ist oft von einer mimosenhaften Empfindlichkeit. Er muss lernen seine Ängste zu überprüfen. Mit dem Jungfrau-Nordmondknoten beginnt er für sich selbst Verantwortung zu übernehmen, er analysiert Situationen, setzt sich praktische Ziele und geht daran, sie Schritt für Schritt zu verwirklichen. Das gibt ihm Kraft. Durch konkretes Handeln verschafft er sich Boden unter den Füßen.

Ein weiterer wichtiger Anker ist sein Körper. Je mehr er sich in Illusion und Selbstbetrug versteigt, desto wahrscheinlicher ist es, dass ihn sein Körper durch Krankheit wieder auf den Boden der Realität zurückholt. Umgekehrt hilft es seiner Landung auf der physischen Ebene und übrigens auch der Aktivierung seiner beträchtlichen Heilkräfte, wenn er seinen Körper mit einer gesunden Lebensweise unterstützt.

Beziehungen sind eine besondere Herausforderung auf seinem Weg: Was auch passiert, er träumt weiter den Traum von Prinz und Prinzessin, von ewiger Liebe und endlosem Glück zu zweit. Um jede neue Beziehung webt er im Nu ein märchenhaftes Set up. Er idealisiert den Partner, sich selbst und die Beziehung und übergeht alle Details, die ihm einen klaren Durchblick verschaffen könnten. In seinem ganz persönlichen Liebesdrama kann er sowohl Fußabtreter als auch eiskalter Engel sein – letzteres dann, wenn er nicht wirklich involviert, weil innerlich abwesend ist.

Solange er noch keine klar definierten Grenzen hat, lässt er sich leicht ausnutzen. Oft versucht er seine Stärke vom anderen zu beziehen, statt sie in sich selbst zu entwickeln und aus dieser abhängigen Position heraus plagen ihn dann unsagbare Verlustängste. Obendrein hegt er oft romantisierende Vorstellungen von Leid und Selbstverleugnung in der Liebe.

Kurz: Beziehungen sind leider überaus geeignet, ihn in der Traumwelt des Fische-Südmondknotens gefangen zu halten. Er braucht unbedingt gute Freunde, die sein Selbstgefühl stärken und ihm Mut machen einen klaren Kopf zu behalten.

Erst mit dem Jungfrau-Nordmondknoten entwickelt er die Reife, die einer gelungenen Beziehung zu Grunde liegt. Dafür muss er bereit sein, aus der Opferrolle auszusteigen: sich abgrenzen und Stellung beziehen. Er muss seine rosarote Brille absetzen und sich auf eine ehrliche Auseinandersetzung einlassen, die weder von ihm noch vom anderen verlangt die eigene Individualität zu leugnen.

Wenn der Fische-Südmondknoten dann endlich aus seinen Träumen erwacht, wird er entdecken, dass das, was er für die „schnöde Welt“ gehalten hat, auch ein Traum ist und dass das, was wirklich ist, all seine Träume übertrifft!

In vieler Hinsicht trifft diese Beschreibung auch auf den Südmondknoten in enger Verbindung mit Neptun und/oder auf den Nordmondknoten in enger Verbindung mit Merkur oder Chiron zu, selbst wenn die Mondknoten nicht in Fische – Jungfrau stehen.

Praktische Tipps für diesen Mondknoten auf Seite 125.

GANZ PRAKTISCHE TIPPS

Praktische Tipps für den Südmondknoten im **Widder** oder im 1. Haus

... besuche eine Kunstausstellung, melde dich für einen Tanzkurs an, mach einen Malkurs, finde einen Partner, geh ins Konzert, mach Urlaub in Österreich, rufe deine Freunde regelmäßig an und lass sie dabei zu Wort kommen, plane ein fantasievolles Kostüm für den nächsten Karneval, lass dich auf Kompromisse ein, mach Sport mit anderen zusammen (aber nicht im Wettkampf), besuche eine Modenschau, fahr nach Puerto Rico, arbeite im Team, lass dir eine Dauerwelle machen, mach einen Gymnastikkurs, verbringe ein Wochenende in Paris (nein, nicht in Disneyworld!), mach eine Farb- und Stilberatung, setz dich einen Nachmittag lang in ein Straßencafé (ohne Handy!), schau dir ein Ballett oder Eiskunstlauf an, lerne nähen, geh auf den Wiener Opernball, besuche Versailles, bepflanze deinen Garten oder Balkon mit duftenden Blumen.

Praktische Tipps für den Südmondknoten im **Stier** oder im 2. Haus

... lies Kriminalromane und schau dir Krimis oder Spionagefilme im Fernsehen an, trainiere für einen Marathonlauf, geh in Tantragruppen, nimm eine ehrenamtliche Tätigkeit an, arbeite mit Randgruppen, besuche das Schlangenhaus im Zoo, spende regelmäßig einen Teil deines Einkommens, fahr nach Russland, bade in einer heißen Quelle, engagiere dich in der Hospizarbeit oder tu was für alte Menschen, such dir eine riskante Sportart, meditiere zum Sonnenuntergang auf dem Friedhof, miste deine Wohnung aus, lerne eine Kampfsportart, tanze auf einem Vulkan, hör dir unbequeme Wahrheiten über dich und über die Welt an und reagiere auf sie, dein neues Hobby: Höhlenforschung, mach Urlaub auf Lanzarote, verschenke Geld, unternimm eine Nachtwanderung, geh auf die Kirmes und trau dich in die neue Achterbahn, mache die Bekanntschaft mit einem Schlossgeist.

Praktische Tipps für den Südmondknoten in den **Zwillingen** oder im 3. Haus

… melde deinen Fernseher und deine Tageszeitung ab, zieh dich einen Sommer lang auf eine einsame Alm zurück, geh im nächsten Karneval als Papst, lerne Bogenschießen, wandere aus, begib dich auf ein Zen-Retreat, meditiere jeden Tag, lies nur noch ganz dicke Bücher, lass dein Handy zu Hause, mache einen Waldlauf, besichtige Kirchen und nimm dir Zeit dort ein wenig zu sitzen, mache eine Fernreise in eine vollkommen fremde Kultur, lebe in Köln, bleib am Samstagabend allein zu Hause, besuche den Gran Canyon und die Niagara Fälle, begib dich auf Visionssuche, lerne Reiten und Skilaufen, mach Urlaub im brasilianischen Urwald oder auf einer einsamen Insel, finde einen spirituellen Meister, sitze mit deinen Freunden zusammen am Lagerfeuer, geh nach Australien, zieh aufs Land, setze dich mindestens ein Jahr lang für etwas ein.

… schließe deine Berufsausbildung ab (wenn du jung bist), mach dich selbstständig (wenn du nicht mehr so jung bist), hör mit deiner Therapie auf und such dir einen Coach, lerne Bergsteigen, sortiere deine Schubladen aus, nimm jeden Morgen eine kalte Dusche, lies das Guiness Buch der Rekorde, fahr alleine in den Urlaub, geh jede Woche ins Fitnesscenter, achte auf Qualität, gib ungeliebte Geschenke weiter, lebe eine Zeitlang in einem anderen Land, nimm dir eine Auszeit von deiner Familie, lerne Kaligrafie, mach eine Familienaufstellung nach Bert Hellinger, beschäftige dich mit Mineralien, geh auf Trecking-Tour durch Nepal, lies Bücher über erfolgreiche Menschen, wandere durch einen Nadelwald, fahr nach Kanada, bereinige die Beziehung zu deinem Vater, bring die Kleider, die du zwei Jahre nicht getragen hast, in die Altkleidersammlung, besichtige ein Bergwerk.

Praktische Tipps für den Südmondknoten im **Löwen** oder im 5. Haus

... zieh für mindestens ein Jahr in eine Wohngemeinschaft, spiele Federball in einer Mannschaft, lass dich auf gruppendynamische Prozesse ein, lies Science Fiction, singe in einem Chor, fahr zum Karneval nach Venedig, trage dazu bei, dass die Welt ein besserer Platz wird, spiele in einem Orchester mit, mach eine Ballonfahrt, tritt der freiwilligen Feuerwehr bei, schau dir ein absurdes Theaterstück an, geh in eine Männergruppe/Frauengruppe, beschäftige dich mit Astrologie, orientiere dich mehr an der Mode, engagiere dich sozial, lerne mit dem Computer umzugehen, geh auf eine Demo, richte deine Wohnung moderner ein, nimm an Kreistänzen teil, entwickle eine Vision, such dir eine Selbsterfahrungsgruppe, werde der nächste Weltraumtourist, engagiere dich in einem Netzwerk, kauf dir ein Modellflugzeug, schaffe dir eine Katze an.

Praktische Tipps für den
Südmondknoten in der **Jungfrau** oder im 6. Haus

… geh ins Kino oder ins Theater, mach einen Aquarellkurs, lies ein Märchen, meditiere, schlafe unter freiem Himmel, mach eine Schiffsreise, lerne die Tamboura zu spielen, zieh dich für deine Ferien oder ein Wochenende in ein Kloster oder in einen Ashram zurück, trink ein Glas Wein, mach Urlaub in einem Zigeunerwagen, lass dich auf der Luftmatratze über einen See treiben, besuche eine Impressionistenausstellung, dreh dich noch einmal um und schlafe dich gut aus, schreib ein Gedicht, mach einen Spaziergang am Meer, tu einfach gar nichts, schwimme mit Delfinen, beschäftige dich mit dem Leben von Mystikern, häng dir ein Bild von unserer Galaxie übers Bett und markiere den ungefähren Standort der Erde, besuche einen türkischen Basar, zünde ein Räucherstäbchen an, lies Gedichte, mach ein Tauchkurs, träume vor dich hin.

Praktische Tipps für den Südmondknoten in der **Waage** oder im 7. Haus

… mach deinen Motorradführerschein, trainiere regelmäßig im Fitnesscenter, lerne Sportschießen, fahr zum Surfen nach Hawaii, geh auf Safari, fahr zur Formel 1, mach einen Trommelworkshop, lerne Karate, versuche dich auf einer Kartbahn, bring die Farbe Rot in dein Leben, melde dich für ein Überlebenstraining in der Wildnis an, besichtige eine Bohrinsel, mach einen Rock'n Roll Kurs, engagiere dich aktiv bei Greenpeace, absolviere deinen Wehrdienst, arbeite mit Jugendlichen, trag dich für African Dance ein, kauf dir einen Werkzeugkasten und eine Bohrmaschine, hau auf den Tisch!, buche einen Abenteuerurlaub, brülle mit beim Fußballspiel, fahr nach Mexiko, halte eine flammende Rede, initiiere eine Schneeballschlacht, lies über Forscher, Pioniere, Abenteurer, repariere dein Auto selbst, mach eine Tour durch die Wüste von Arizona.

Praktische Tipps für den Südmondknoten im **Skorpion** oder im 8. Haus

... mach ein Picknick auf einer Frühlingswiese, koche dir dein Lieblingsgericht, nimm Gesangsunterricht, gestalte deinen Balkon oder Garten, gehe Essen, mach einen Töpferkurs, gönne dir eine kosmetische Behandlung, engagiere dich für den Naturschutz, geh zur Schuldnerberatung, mach deine Steuererklärung, zieh nach Schwaben, lerne ein Musikinstrument, mach einen Finanzplan und einen Entschuldungsplan und halte dich daran, schau dir die neugeborenen Babys auf einer Entbindungsstation an, such dir einen Mannschaftssport, mach einen Ausflug aufs Land, setz dich mit einem guten Glas Wein in deinen Lieblingssessel und höre Musik, male in Öl, mach Urlaub in der Schweiz, geh in die Oper, hilf mit bei der Apfel- oder Kartoffelernte, mach einen Einkaufsbummel, verwöhne dich mit Farben, Düften und Klängen, mach Urlaub auf dem Bauernhof.

Praktische Tipps für den
Südmondknoten im **Schützen** oder im 9. Haus

... abonniere eine lokale Tageszeitung, tritt einem Wanderverein bei, chatte im Internet, mach eine Fahrradtour, zieh in die Stadt, lies Kurzgeschichten, schau dir Reportagen und Dokumentationen im Fernsehen an, werde „Streetworker", entschuldige dich, unterhalte dich mit der Kioskfrau, entdecke deine nähere Umgebung, spaziere im Frühling durch einen Auwald, kauf dir eine Bahncard, spiele mit deinem Computer, geh in ein Kaufhaus, löse ein Kreuzworträtsel, lerne deine Nachbarn kennen, mach dich lächerlich und lache über dich selbst, telefoniere, geh im Park spazieren, tausche einige Worte mit deinem Briefträger, schreibe kleine Essays, geh ins Kabarett, mach eine Fahrt ins Blaue, bilde dich weiter, schau dir Quizsendungen an, fahre das ganze Stadtbahnnetz ab, mach einen Rhetorik-Kurs, tritt einem Turnverein bei.

Praktische Tipps für den Südmondknoten im **Steinbock** oder im 10. Haus

… backe einen Kuchen und lade deine Freunde zum Nachmittagskaffee ein, besuche Kinder im Krankenhaus, mache eine Primärtherapie, geh auf Schnäppchenjagd, kaufe dir einen Blumenstrauß, nimm ein Bad, mach Siesta, gehe italienisch essen, schaffe dir ein Aquarium an, mach Urlaub in Finnland, pflege deine Blumen und Pflanzen, kaufe dir einen Wohnwagen, richte dich gemütlich ein, geh in ein Heimatmuseum, kauf dir eine Eigentumswohnung oder ein Häuschen, suche romantische Orte auf und genieße sie (lasse Handy und Laptop zu Hause!), engagiere dich in der SOS Kinderdorf-Bewegung, geh bei Vollmond spazieren, gib nach, mach einen Bauchtanzkurs, kaufe auf dem Wochenmarkt ein, lerne stricken und sticken, buche deinen Urlaub auf einem Hausboot, schlafe mit einem Kuscheltier, entschuldige dich, lerne Körbe zu flechten, bereinige die Beziehung zu deiner Mutter, nimm eine Aquabalancing-Sitzung.

Praktische Tipps für den
Südmondknoten im **Wassermann** oder im 11. Haus

... besichtige Schlösser und Herrensitze, schaffe dir einen Hund an, kaufe dir ein großes Bett oder einen riesigen eigenen Sessel, werde Schützenkönig, spiele mit Kindern, geh in eine große Glamour-Glitzer-Show (nichts Skurriles!), mach einen Clownworkshop, spiele Theater, gönne dir einen Wellness-Tag, geh ins Spielkasino, lerne Tennis oder Golf, geh in ein klassisches Konzert, feiere deinen Geburtstag in einem Schlosshotel, trage eine Goldkette, schau dir einen Abend lang André Rieu an, spekuliere an der Börse, betätige dich künstlerisch, lache jeden Morgen nach dem Aufwachen drei Minuten lang, besichtige die Pyramiden, fülle deinen Kühlschrank, bedanke dich, umgib dich mit leuchtenden Farben, heirate und gründe eine Familie, lies Biografien berühmter Künstler, übernimm den Vorsitz für eine Gruppe, organisiere etwas, zieh in eine größere Wohnung.

Praktische Tipps für den Südmondknoten in den **Fischen** oder im 12. Haus

... mach Yoga, schaffe dir ein Haustier an, räume die Schränke auf, mach einen Kurs für Zeit-Management, jogge, mach dir eine Einkaufsliste, gib das Rauchen auf und lass den Alkohol im Supermarkt, mach Urlaub in Polen, bastel und heimwerke, lerne Portraitzeichnen, mach ein Fastenwochenende, zieh in die Schweiz, stelle deine Ernährung auf gesündere Kost um, putze die Wohnung, geh kurz spazieren, sei pünktlich, renoviere deine Wohnung, höre auf das Feedback deiner Freunde, tritt einem Schrebergarten-Verein bei, mach ein Puzzle, fahr in die Lüneburger Heide, mach eine Entgiftungskur, lass den Fernseher ausgeschaltet, arbeite, lass dich von einem Arzt von Kopf bis Fuß durchchecken, ordne deine Finanzen, trenne deinen Müll, repariere alles, was in deinem Haushalt kaputt ist oder wirf es fort, mach eine Kneipp Kur, spiel Schach.

DIE STELLUNG DER SÜDMONDKNOTEN

IM EIGENEN HOROSKOP

In der folgenden Tabelle kann die Position des Südmondknotens in den Tierkreiszeichen abgelesen werden. Um die Häuserstellung zu bestimmen, braucht man ein individuelles Horoskop.

Die Mondknoten wechseln ihr Zeichen ca. alle 18 Monate, allerdings nicht genau um Mitternacht. Für einen Geburtstag, der auf den Anfang oder das Ende der angegebenen Periode fällt, muss die Mondknotenposition deshalb exakt berechnet werden.

GEBURTSTAG	SÜDMONDKNOTEN
1904 - 1922	
16.1.1904 - 18.9.1905	Fische-Südmondknoten
19.9.1905 - 30.3.1907	Wassermann-Südmondknoten
31.3.1907 - 27.9.1908	Steinbock-Südmondknoten
28.9.1908 - 23.3.1910	Schütze-Südmondknoten
24.3.1910 - 8.12.1911	Skorpion-Südmondknoten
9.12.1911 - 6. 6.1913	Waage-Südmondknoten
7.6.1913 - 3.12.1914	Jungfrau-Südmondknoten
4.12.1914 - 31.5.1916	Löwe-Südmondknoten
1.6.1916 - 13.2.1918	Krebs-Südmondknoten
14.2.1918 - 15.8.1919	Zwillinge-Südmondknoten
16.8.1919 - 7.2.1921	Stier-Südmondknoten
8.2.1921 - 23.8.1922	Widder-Südmondknoten

GEBURTSTAG	SÜDMONDKNOTEN
1922 - 1941	
24.8.1922 - 23.4.1924	Fische-Südmondknoten
24.4.1924 - 26.10.1925	Wassermann-Südmondknoten
27.10.1925 - 16.4.1927	Steinbock-Südmondknoten
17.4.1927 - 28.12.1928	Schütze-Südmondknoten
29.12.1928 - 7.7.1930	Skorpion-Südmondknoten
8.7.1930 - 28.12.1931	Waage-Südmondknoten
29.12.1931 - 24.6.1933	Jungfrau-Südmondknoten
25.6.1933 - 8.3.1935	Löwe-Südmondknoten
9.3.1935 - 14.9.1936	Krebs-Südmondknoten
15.9.1936 - 3.3.1938	Zwillinge-Südmondknoten
4.3.1938 - 12.9.1939	Stier-Südmondknoten
13.9.1939 - 24.5.1941	Widder-Südmondknoten

GEBURTSTAG	SÜDMONDKNOTEN
1941 – 1959	
25.5.1941 - 21.11.1942	Fische-Südmondknoten
22.11.1942 - 11.5.1944	Wassermann-Südmondknoten
12.5.1944 - 13.12.1945	Steinbock-Südmondknoten
14.12.1945 - 2.8.1947	Schütze-Südmondknoten
3.8.1947 - 26.1.1949	Skorpion-Südmondknoten
27.1.1949 - 26.7.1950	Waage-Südmondknoten
27.7.1950 - 28.3.1952	Jungfrau-Südmondknoten
29.3.1952 - 9.10.1953	Löwe-Südmondknoten
10.10.1953 - 2.4.1955	Krebs-Südmondknoten
3.4.1955 - 4.10.1956	Zwillinge-Südmondknoten
5.10.1956 - 16.6.1958	Stier-Südmondknoten
17.6.1958 - 15.12.1959	Widder-Südmondknoten

GEBURTSTAG	SÜDMONDKNOTEN
1959 - 1978	
16.12.1959 - 10.6.1961	Fische-Südmondknoten
11.6.1961 - 23.12.1962	Wassermann-Südmondknoten
24.12.1962 - 25.8.1964	Steinbock-Südmondknoten
26.8.1964 - 19.2.1966	Schütze–Südmondknoten
20.2.1966 - 19.8.1967	Skorpion–Südmondknoten
20.8.1967 - 19.4.1969	Waage–Südmondknoten
20.4.1969 - 2. 11.1970	Jungfrau–Südmondknoten
3.11.1970 - 27. 4.1972	Löwe–Südmondknoten
28.4.1972 - 27. 10.1973	Krebs–Südmondknoten
28.10.1973 - 10.7.1975	Zwillinge–Südmondknoten
11.7.1975 - 7.1.1977	Stier–Südmondknoten
8.1.1977 - 5.7.1978	Widder–Südmondknoten

GEBURTSTAG 1978 – 1997	SÜDMONDKNOTEN
6.7.1978 – 12. 1.1980	Fische-Südmondknoten
13.1.1980 – 24.9.1981	Wassermann-Südmondknoten
25.9.1981 – 16.3.1983	Steinbock-Südmondknoten
17.3.1983 – 11.9.1984	Schütze–Südmondknoten
12.9.1984 – 6.4.1986	Skorpion–Südmondknoten
7.4.1986 – 2.12.1987	Waage–Südmondknoten
3.11.1987 – 22.5.1989	Jungfrau-Südmondknoten
23.5.1989 – 18.11.1990	Löwe–Südmondknoten
19.11.1990 – 1.8.1992	Krebs–Südmondknoten
2.8.1992 – 1.2.1994	Zwillinge–Südmondknoten
2.2.1994 – 31.7.1995	Stier–Südmondknoten
1.8.1995 – 25.1.1997	Widder–Südmondknoten

GEBURTSTAG	SÜDMONDKNOTEN
1997– 2015	
26.1.1997 – 20.10.1998	Fische-Südmondknoten
21.10.1998 – 9.4.2000	Wassermann-Südmondknoten
10.4.2000 – 12.10.2001	Steinbock-Südmondknoten
13.10.2001 – 13.4.2003	Schütze–Südmondknoten
14.4.2003 – 25.12.2004	Skorpion–Südmondknoten
26.12.2004 – 21.6.2006	Waage–Südmondknoten
22.6.2006 – 18.12.2007	Jungfrau–Südmondknoten
19.12.2007 – 21.8.2009	Löwe–Südmondknoten
22.8.2009 – 3.3.2011	Krebs–Südmondknoten
4.3.2011 – 29.8.2012	Zwillinge–Südmondknoten
30.8.2012 – 18.2.2014	Stier–Südmondknoten
19.2.2014 – 11.11.2015	Widder–Südmondknoten

ÜBER DIE AUTORIN

Sitara Mittag (geb. 14. Dezember 1954, 22.45 Uhr in Hamburg) befasst sich seit früher Jugend mit Astrologie, seit 1979 auch professionell. Sie studierte Sozialwissenschaften und Germanistik, ist ausgebildete Heilpraktikerin und Reinkarnationstherapeutin. Mit ihrem spirituellen Weg haben sich ihre Kenntnisse der Astrologie stets weiter vertieft und ihrer Arbeit mit Menschen immer neue Dimensionen hinzugefügt. Ihre astrologischen Analysen erscheinen in mehreren deutschsprachigen Magazinen.
Individuelle Beratungen: 0221/ 510 30 74
www.astro-sitara.de

Außerdem ist von ihr im Innenwelt Verlag erschienen:

Sitara Mittag
Und diesmal ist es anders!
Pastlifes und Mondknoten im Horoskop
Alle Kombinationen von Haus und Zeichen
Inklusive Gutschein für kostenlosen
Horoskopausdruck mit Mondknotenposition
ISBN 3-936360-08-1

ÜBER DIE ILUSTRATORIN

Ragini Mariano
ist freie Künstlerin und Illustratorin in Köln.

Mann / Frau

Wilfried Nelles
Wo die Liebe hinfällt...
Gespräche über Paarbeziehungen und Familienbande
ISBN 3-936360-00-6
Thema: Familienstellen nach B. Hellinger

Daniel Odier
Begierde, Leidenschaft und Spiritualität
Der tantrische Weg des Erwachens
256 S., Broschur,
ISBN 3-936360-04-9
Thema: Kaschmirisch-shivaitisches Tantra

Diana Richardson
Zeit für Weiblichkeit
Der tantrische Orgasmus der Frau
ISBN 3-936360-12-x
Thema: Die Kraft weiblicher Sexualität

Spiritualität

Fritz Peters
Eine Kindheit mit Gurdjieff
208 S., Broschur
ISBN 3-936360-09-x

George Gurdjieff war eine der schillerndsten und rätselhaftesten Figuren der spirituellen Szene des beginnenden 20. Jahrhunderts. Aus der Perspektive eines elfjährigen amerikanischen Jungen, der 1924 in Gurdjieffs Schule landet, erleben wir den Alltag in der berühmten „Prieuré".
Der junge Fritz traf ohne Vorbereitung auf die „Aufgabe Gurdjieff", und er war wach genug zu verstehen, dass er in der Gegenwart eines ungewöhnlichen Menschen war, eines Mannes, den man Guru, Meister, Lehrer nannte, der aber alles andere war als ein Heiliger. Das Buch fasziniert auch diejenigen, die nie etwas von Gurdjieff gehört haben.
Es steckt voller Weisheit - Weisheit über das Leben.

www.innenwelt-verlag.de